베트남인을 위한

비즈니스 한국어 초급

베트남인을 위한

비즈니스 한국어 초급

| 김재욱 · 박기선 · 노채환 · 송은정 |

HU:iNE

BUSINESS KOREAN

Published in Republic of Korea by HUINE, an imprint of Hankuk University of Foreign Studies University Knowledge Press, Seoul.

http://press.hufs.ac.kr

머리말

한국 기업의 해외 진출이 확대되고 한국 상품에 대한 세계인들의 관심이 점점 높아지고 있다. 이에 따라 해외에 진출한 한국 기업과 한국어 학습자들의 비즈니스 한국어에 대한 요구도 증가하고 한국어 학습자들을 대상으로 하는 비즈니스 한국어 교재에 대한 필요성이 대두되고 있다. 이러한 해외 비즈니스 현장에서의 요구를 반영하여 한국어 교육에 대한 전문적인 이론과 경험을 갖춘 한국외국어대학교 및 사이버한국외국어대학교의 한국어 교육 전공 교수와 선생님들이 뜻을 모아 '베트남인을 위한 비즈니스 한국어'를 출판하였다.

특히 이번에 집필한 '베트남인을 위한 비즈니스 한국어'는 한국과 비즈니스 측면에서 매우 밀접한 관계에 있는 베트남에서 공부하는 한국어 학습자들을 대상으로 한 것으로, 현재 베트남에서 근무하고 있는 기업의 근로자들이 한국어를 습득하여 비즈니스 환경에서 한국어를 구사하기 위한 목적으로 개발되었다. 베트남에 진출한 한국 기업의 현장에서 한국어로 의사소통해야 하는 상황이 증가함에 따라 비즈니스 한국어에 대한 관심도 높아지고 있어 이를 위한 단계별 한국어 교재를 집필하게 된 것은 매우 의미 있는 일이라고 할 수 있다.

'베트남인을 위한 비즈니스 한국어'는 베트남 비즈니스 학습자를 위한 한국어 교재로, 주 교재와 활용 교재로 구분된다. 주 교재와 활용 교재는 각 과마다 같은 주제의 내용으로 구성되어 있으며, 두 교재를 함께 학습한다면 학습 목표를 이루는 데에 큰 효과를 거둘 수 있을 것이다.

주 교재에서는 어휘와 문형, 대화 등의 집중 학습을 통해 한국어의 입력에 중점을 두었다. 이를 위해 다양한 비즈니스 특징을 살린 어휘와 문형을 배열하여 기업 현장에서 활용할 수 있는 실제적인 내용들로 구성하였다. 활용 교재에서는 주 교재에서 습득한 어휘와 문형을 활용하여 비즈니스 현장에서의 말하기, 듣기, 읽기, 쓰기를 학습할 수 있도록 구성하였으며 한국어 능력에 따라 필요한 여러 가지 유형의 비즈니스 의사소통 기능을 집중적으로 향상시키는 것에 초점을 맞추어 개발하였다.

또 '베트남인을 위한 비즈니스 한국어'의 대화는 그 속에 등장하는 각 인물들이 한국 기업에 입사해서 생활하는 스토리로 이루어져 있어 비즈니스 한국어 학습자의 학습 동기 유발을 위한 흥미 요소로서의 작용뿐만 아니라 실제 한국 회사 생활에 적응하는 데에도 도움이 될 수 있어 비즈니스 한국어 교육 현장에서 높은 활용도를 보일 것으로 기대한다.

끝으로 많은 수고와 노력을 기울여 완성도 높은 교재를 개발한 사이버한국외국어대학교 한국어학부 진정란 교수님, 박기선 교수님, 노채환 교수님, 한국외국어대학교 KFL대학원 안정민 교수님, 송은정 선생님, 정회란 선생님에게 고마움을 전한다. 그리고 이 교재가 출판되기까지 여러모로 애써주신 한국외국어대학교 지식출판콘텐츠원 관계자 분들과 여러 분들에게도 다시 한 번 깊은 감사를 드린다.

한국외국어대학교 KFL대학원장
김재욱

일러두기

'베트남인을 위한 비즈니스 한국어'는 베트남에 진출한 한국 기업에서 근무하거나 근무하고자 하는 한국어 학습자의 비즈니스 한국어 의사소통 능력 신장을 위한 실제적인 교재로 개발되었습니다.

집필 방향

- 본 교재는 비즈니스 한국어 '입문', '초급', '중급' 단계로 개발되었으며, 각 단계별 교재는 주 교재와 활용 교재 두 권으로 분리하였습니다.

- 주 교재는 정확성 향상을 위한 한국어 어휘 및 문법 등 한국어 지식에 대한 학습이 주를 이루며 비즈니스 현장의 상황으로 이루어진 대화문을 통해 내용, 주요 표현·발음 등을 이해하는 데에 초점을 맞추어 집필하였습니다.

- 활용 교재는 주 교재에서 배운 내용을 바탕으로 실제 비즈니스 한국어 환경에서 활용할 수 있는 사용 단계로, 비즈니스 현장에서 요구되는 말하기, 듣기, 읽기, 쓰기의 능력을 고루 향상시킬 수 있도록 집필되었습니다.

- 주 교재의 문법 및 표현의 선정과 배열 등은 '국제 통용 한국어교육 표준 모형'과 '한국어능력시험(TOPIK)'을 참고하여 일반 목적 한국어 교육의 기본적인 숙달도 단계를 존중하고 있습니다. 그러나 비즈니스 현장에서의 요구를 반영하는 것을 우선으로 하여 집필하였으므로 주제, 어휘, 문법, 기능, 상황 등의 선정 및 배열에서 일반 목적 한국어 교육과 차이를 보입니다.

- 주 교재에서는 생산직 근로자 또는 사무직 근로자가 한국인과 함께 근무하면서 근로 현장에서 접할 수 있는 상황과 표현을 중심으로 개발하였으며, 공적인 담화와 사적인 담화를 모두 포함시켜 구성하였습니다.

- 주 교재는 한국어의 정확성과 유창성을 향상시키기 위해 한국어 어휘, 문법, 발음과 관련된 한국어 지식과 함께 말하기, 듣기, 쓰기, 읽기 등 실질적인 연습 및 활용을 위한 과제를 모두 포함시켰습니다.

교재 내용 구성

- 본 교재는 '베트남인을 위한 비즈니스 한국어 입문'과 '베트남인을 위한 비즈니스 한국어 초급', '베트남인을 위한 비즈니스 한국어 중급'으로 구성되어 있으며, 각 단계는 25개의 과로 이루어져 있습니다.

- 주 교재와 활용 교재의 1개 과는 기본적으로 4시간의 수업 내용들로 구성하여 1개 과를 모두 학습하는 데에 8시간이 소요됩니다. 물론 학습 현장 상황에 따라 수업 시간의 조절이 가능하며, 학습자의 학습 진도에 따라 수업 시간을 유연하게 적용할 수 있습니다.

- '베트남인을 위한 비즈니스 한국어 입문'의 주 교재는 1과부터 5과까지는 한글 자모에 대한 학습으로 이루어져 있고, 활용 교재는 한글편 단원이 없이 6과부터 시작합니다.

- 주 교재의 첫 페이지는 학습목표와 삽화, 질문으로 구성되어 있습니다. 삽화를 통해 해당 상황에 대한 이야기를 나누면서 학습자에게 해당 과의 주제와 어휘를 노출할 수 있으며 배경 지식을 형성할 수 있습니다. '어휘'는 비즈니스 상황에 어울리는 주제에 맞추어 한국어 어휘장과 그에 따른 예문이 제시되고 있고, 연습도 함께 구성되어 있습니다. '문법'은 한국어 문법의 의미와 예문, 형태, 주의점 등이 베트남어와 한국어로 함께 제시되어 있으며 해당 문법에 대한 연습 문제도 구성되어 있습니다. '대화'는 해당 과의 주제에 맞는 자연스러운 한국어 대화로 이루어져 있으며 해당 과에서 학습한 문법과 어휘가 포함되어 있습니다.

- 활용 교재 '입문'과 '초급' 단계의 '듣고 말하기'는 주 교재의 대화문과 동일한 내용으로 구성되어 있는데, 이는 기본 대화문을 활용하여 다양한 소재와 내용으로 말하기를 확장 연습하는 단계입니다. 대화문의 주요 표현을 다양한 내용으로 교체하여 연습하고 질문에 대답함으로써 유의미한 말하기 연습을 진행할 수 있습니다. 또한 들은 내용을 이해하고 직접 받아써 봄으로써 한국어 의사소통 능력을 고루 신장할 수 있습니다. 더불어 듣기와 말하기 과제가 추가되어 실제적인 의사소통 상황에 대한 연습이 가능합니다. '읽고 말하기'는 읽기 담화와 연결된 말하기 연습으로 구성되어 있으며 '읽고 쓰기'는 읽기 담화와 연결된 쓰기 연습으로 구성되어 기능별 통합 교재로서의 특징을 보이고 있습니다.

- 활용 교재 '중급' 단계의 '말하기'는 '입문'과 '초급' 단계의 '듣고 말하기'와 같이 주 교재의 대화문과 동일한 내용으로 구성되어 있는데, 중급 대화문에 나온 주요 표현들을 활용하여 문장을 생성해 보고 주제와 관련된 이야기를 나눌 수 있습니다. '듣고 말하기'는 해당 과의 주제 또는 기능과 관련된 듣기 활동으로 구성되어 있습니다. '읽고 쓰기'는 비즈니스 현장에서 쓰이는 실용 텍스트뿐만 아니라 회사 생활을 통해 경험할 수 있는 내용이 담긴 다양한 읽기 텍스트와 이를 확장한 쓰기 활동으로 구성되어 있습니다.

베트남인을 위한

비즈니스 한국어 초급

목차

초급 교재구성표

단원	제목
1과	오늘부로 영업팀으로 발령을 받았습니다
2과	일이 많아서 업무를 빨리 익혀야 돼요
3과	전산팀에 연락해 보세요
4과	혼자 처리하면 안 돼요
5과	홍보팀에 가서 말해 줄게요
6과	영업 실적을 보면서 계산을 하고 있는데요
7과	어제 퇴근하려고 할 때 급한 연락이 왔습니다
8과	한번 생각해 볼게요
9과	유니폼으로 빨간색이 좋겠어요
10과	비가 많이 오고 바람도 심하게 불어요
11과	무이네에 가기로 했어요
12과	기분이 좋아 보여요
13과	감기에 걸려서 콧물이 나요
14과	일찍 들어가는 게 어때요?
15과	사막이 무척 아름답더라고요
16과	이 표를 어떻게 쓰는지 잘 모르겠어요
17과	안전 장갑을 껴야 하잖아요
18과	화재가 나지 않도록 미리 조심해야겠어요
19과	지금 자리에 안 계십니다
20과	이따가 다시 전화한다고 전해 주세요
21과	내일까지 보고서를 제출하라고 하셨어요
22과	밥 한 번 먹자고 했어요
23과	마감일이 오늘인 줄 알았습니다
24과	사랑을 받으려면 내가 먼저 표현해야 하는 것 같습니다
25과	회사에서 일한 지 이 년이 되었어요

어휘1	어휘2	문법1	문법2
인사	인사이동	-고[1]	-(으)ㄴ/는/(으)ㄹ
인수인계	이메일	-(으)면	-어야/아야 되다
업무 문서	문서 양식	-(으)ㄹ 때	-어/아 보다[1]
결재	구매	-어도/아도 되다	-(으)면 안 되다
잡지	사보	-어서/아서[2]	-(으)ㄴ데/는데
영업 실적	서류	-(으)면서	-고 있다
보안	규정	-(으)려고 하다	-(으)니까[1]
직장 행사	동호회 활동	-(으)ㄹ래요	-(으)ㄹ게요
옷차림	색상	보다 (더)	(으)로
계절	날씨	-(으)ㄴ/는/(으)ㄹ 것 같다	-어지다/아지다
장소의 특징	장소의 묘사	-기로 하다	-(으)ㄹ까 하다
여행	감정	-어/아 보이다	-(으)니까[2]
진료	병의 증상	-(으)ㄴ데요/는데요	-(으)ㄴ가요/나요
병원 진료 과목	병가	-는 게 어때요	-어도/아도
여행 경험	감상	-더라고요	-어/아 보다[2]
사내 문서	출장	-(으)ㄴ지/는지	-게 되다
안전 복장	위험 상황	-잖아요	-기 때문에
화재	안전사고	-도록	-어야겠다/아야겠다
전화	전화 표현[1]	-(으)시-	께서,께
높임 어휘	전화 표현[2]	-다고 하다	
업무 통화	업무 사항 전달	-(으)라고 하다	-어/아 달라고 하다
식사 문화	음주 문화	-자고 하다	-(으)냐고/(느)냐고 하다
실수	수정	-(으)ㄴ/는/(으)ㄹ 줄 알다/모르다	-(으)ㄴ 적이 있다/없다
사내 방송	감사 표현	-(으)려면	-기 바라다
송년회	신년회	-고 나다	-(으)ㄴ지 시간이 되다

01 오늘부로 영업팀으로 발령을 받았습니다

1. 사람들이 무엇을 하고 있습니까?
2. 첫 출근 날 기분이 어떻습니까?
3. 여러분은 회사에서 무슨 일을 합니까?

학습 목표

- 자기소개를 할 때 사용하는 문법과 어휘를 사용할 수 있다.
- 회사 사람들 앞에서 자기소개를 할 수 있다.

어휘: 인사, 인사이동

문법: -고[1], -(으)ㄴ/는/(으)ㄹ

어휘 1

인사

인사	인사 관리	인사이동
인사 고과	인사권	인사 담당자

- 회사에서 직원이 어느 부서에서 일하는지 **인사**를 결정합니다.
- 우리 회사 인사팀에서는 능력 중심으로 **인사 관리**를 합니다.
- 투안 씨는 총무팀에서 영업팀으로 **인사이동**이 됐습니다.
- 프엉 씨는 일을 잘합니다. 그래서 **인사 고과** 점수가 높습니다.
- 우리 회사는 팀장이 **인사권**을 가지고 있습니다.
- 휴직을 하고 싶으면 **인사 담당자**를 찾아 가세요.

어휘 2

인사이동

채용	입사	교육
발령	전근	승진
퇴사	이직	퇴직

- 우리 회사는 가을에 신입 사원을 **채용**합니다.
- 저는 작년 가을에 **입사**해서 일을 시작했습니다.
- 신입 사원 **교육**은 내일부터 2주 동안 합니다.
- 신입 사원 교육이 끝나면 부서로 **발령**을 받습니다.
- 김 대리는 발령이 나서 서울 지사로 **전근**을 갔습니다.
- 김 과장은 다음 달에 부장으로 **승진**합니다.
- 이 과장은 지난달에 **퇴사**를 하고 피자 가게 주인이 되었습니다.
- 지금 회사 일이 적성에 안 맞습니다. **이직**을 하고 싶습니다.
- 우리 아버지는 교사로 30년 동안 일하시고 60세에 **퇴직**을 했습니다.

어휘 연습

1. [보기]와 같이 연결하세요.

[보기]

프엉 씨는 근무 성적이 좋습니다.	•	• 채용
(1) 대리에서 과장이 됐습니다.	•	• 인사 고과
(2) 이번 달부터 다른 팀에서 일합니다.	•	• 이직
(3) 회사에서 새로 사람을 뽑습니다.	•	• 승진
(4) 퇴사하고 다른 회사에서 일합니다.	•	• 전근

2. [보기]에서 알맞은 말을 골라 다음 문장을 완성하세요.

[보기] 입사 교육 발령 퇴직

(1) 저는 ________ 후에 고향에서 농사를 짓고 싶습니다.

(2) 대기업 ________ 을/를 목표로 열심히 공부를 했습니다.

(3) 투안은 총무팀에서 영업팀으로 ________ 을/를 받았습니다.

(4) 우리 회사에서는 한 달에 한 번, 안전 ________ 을/를 합니다.

문법1

-고[1]

(동사나 형용사, '이다, 아니다'에 붙어) 어떤 상태나 행위를 나열함을 나타낸다. 시간의 순서와 관계없이 두 가지 이상의 사실이나 내용을 대등하게 연결할 때 사용한다.

(Gắn vào động từ hoặc tính từ, 'là (이다), không phải là (아니다)') Sử dụng khi liệt kê một trạng thái hoặc hành vi nào đó. Dùng khi liên kết ngang hàng từ hai sự thật hoặc nội dung trở lên không phụ thuộc vào thứ tự thời gian.

- 가: 지금 뭐 해요?
  나: 프엉 씨는 전화를 하고 짱 씨는 복사를 합니다.
- 가: 투안 씨는 어때요?
  나: 투안 씨는 머리가 좋고 일을 잘 해요.
- 저는 베트남 사람이고 유미 씨는 한국 사람입니다.
- 진수 씨는 학생이 아니고 회사원입니다.

받침 ○	-고	먹고, 읽고, 잡고, 춥고, 살고, 듣고, 맛있고, 재미없고
받침 ×		가고, 오고, 주고, 마시고, 일하고, 크고, 빠르고
이다		책상이고, 휴게실이고, 의자이고/의자고, 저기이고/저기고
아니다		학생이 아니고, 여기가 아니고

★ 과거 사실을 나타낼 때, 앞말에 '-었-'을 써도 되고 쓰지 않아도 된다.

- 나는 숙제를 하고 동료도 함께 일을 했다. (○)
- 나는 숙제를 했고 동료도 함께 일을 했다. (○)

문법 연습1

1. [보기]와 같이 쓰세요.

[보기] 회사, 크다 / 좋다 → 회사가 크고 좋아요.

(1) 투안, 회사원 / 베트남 사람

→ ______________________.

(2) 투안, 멋있다 / 친절하다

→ ______________________.

(3) 한국어, 쉽다 / 재미있다

→ ______________________.

(4) 아이, 귀엽다 / 친절하다

→ ______________________.

2. [보기]와 같이 대화를 완성하세요.

[보기] 가: 회사 사람들은 어때요?
나: 일을 잘하고 친절해요.

(1) 가: 그 식당이 어때요?

나: ______________________.

(2) 가: 짱 씨는 무슨 운동을 해요? 그리고 민수 씨는 무슨 운동을 해요?

나: ______________________.

(3) 가: 오전에 무슨 일을 해요?

나: ______________________.

(4) 가: 보통 주말에 무엇을 해요?

나: ______________________.

문법2

-(으)ㄴ/는/(으)ㄹ

동사에 붙어 뒤에 오는 명사를 수식할 때 사용한다. '-(으)ㄴ'은 동작이 과거에 일어났음을, '-는'은 동사가 현재 일어나고 있음을, '-(으)ㄹ'은 동사가 미래에 일어날 것임을 나타낸다.

Gắn vào động từ và sử dụng để bổ nghĩa cho danh từ đi phía sau nó. '-(으)ㄴ' nói về động tác đã xảy ra trong quá khứ, '-는' động tác đang xảy ra ở thời hiện tại, '-(으)ㄹ' động tác sẽ xảy ra trong tương lai.

- 가: 거래처에서 받은 서류는 어디 있어요?
  나: 책상 서랍 안에 있습니다.
- 가: 흐엉 씨는 취미가 뭐예요?
  나: 저는 책을 읽는 것을 좋아해요.
- 저녁에 갈 식당을 예약했습니다.
- 오늘 제일 일찍 온 사원은 이유미 씨입니다.

-(으)ㄴ	간, 온, 먹은, *들은, *산, *누운
-는	가는, 오는, 먹는, 듣는, *사는, 눕는
-(으)ㄹ	갈, 올, 먹을, *들을, *살, *누울

문법 연습2

1. [보기]와 같이 쓰세요.

> **[보기]** 요즘 (하다) 일은 서류 작성이다 → 지금 하는 일은 서류 작성이에요.

(1) 어제 (만나다) 사람은 거래처 직원이다

→ ______________________________.

(2) 아까 점심에 (먹다) 음식은 삼계탕이다

→ ______________________________.

(3) 지금 (가다) 곳은 제2 공장이다

→ ______________________________.

(4) 요즘 (듣다) 노래는 한국 노래다

→ ______________________________.

2. [보기]와 같이 대화를 완성하세요.

> **[보기]** 가: 어제 김치찌개 먹었지요?
> 나: 아니요. 어제 먹은 음식은 삼계탕이에요.

(1) 가: 요즘 퇴근 후에 ____________ 어디에요?
나: 퇴근 후에 헬스장에 가요.

(2) 가: 어제 ____________ 이름이 뭐예요?
나: 아, 김이수 씨요?

(3) 가: 오전에 유미 씨한테서 ____________ 서류가 어디에 있어요?
나: 컴퓨터 옆에 있어요.

(4) 가: 태수 씨는 운동을 모두 잘해요?
나: 아니요. 제가 ____________ 배구예요.

대화

김 부장: 여러분, 오늘 우리 부서로 전근 온 투안 씨를 소개합니다.

투　안: 안녕하십니까? 오늘부로 영업팀으로 발령을 받은 투안이라고 합니다.

김 부장: 자, 투안 씨가 일할 자리는 저기예요.

투　안: 네, 감사합니다. 앞으로 잘 부탁드립니다.

김 부장: 우리 부서에 일 잘하고 좋은 사람이 많아요. 배울 게 많을 거예요. 여러분들이 많이 도와주세요.

투　안: 감사합니다. 앞으로 잘 부탁드립니다.

- 전근
- 발령을 받다
- 자리
- 오늘부
- (이)라고 하다

- 전근 온[전그논]
- 배울 것[배울껃]

- 투안 씨는 오늘부터 어디에서 근무합니까?
- 김 부장님은 직원들에게 어떤 부탁을 했습니까?

02 일이 많아서 업무를 빨리 익혀야 돼요

1. 사람들이 무엇을 하고 있습니까?
2. 처음 일을 배울 때, 무엇이 어려웠습니까?
3. 다른 사람에게 일을 가르쳐 준 경험이 있습니까?

학습 목표

- 지시 사항을 이해하고 표현할 수 있다.
- 이메일을 읽고 내용을 알 수 있다.

어휘: 인수인계, 이메일

문법: -(으)면, -어야/아야 되다

어휘 1

인수인계

인수인계	인수인계를 하다	인수인계를 마치다
전임자	후임자	인수인계가 지연되다

- 다음에 일을 이어서 할 사람에게 업무 **인수인계**를 합니다.
- 가: 부장님, 업무 **인수인계**를 모두 **마쳤습니다.**

  나: 그동안 우리 부서에서 수고 많았어요. 다른 부서에서도 열심히 하세요.
- 모르는 것이 있으면 **전임자**를 찾아가서 물어보세요.
- **전임자**가 업무를 잘 가르쳐 줘서 일하는 것에 어려움이 없습니다.
- **인수인계** 문서는 **후임자**에게 메일로 보냈습니다.
- **후임자** 결정이 늦어서 **인수인계가 지연되었습니다.**

어휘 2

이메일

새 메일
받는 사람 kim@hankuk.com 참조 숨은 참조
제목 출장 보고서 첨부

김영수 과장님께

안녕하십니까? 지난주에 한국에 다녀온 출장 보고서를 첨부합니다.
확인해 보시고 수정사항 말씀해주시면 반영하겠습니다.

감사합니다.

이수호 드림
==================
이수호 대리
한베물산
+84-1-123-4567

보내기

메일을 보내다	메일을 받다	메일이 가다	메일이 오다
메일을 쓰다	메일로 연락하다	메일을 주고받다	첨부하다
답장(을) 하다/보내다	전달하다	참조하다	메일을 삭제하다

- 조금 전에 **메일을 보냈습니다.** 확인해 주세요.
- 김 부장님한테서 **메일을 받아서** 답장을 보냈습니다.
- 인터넷이 느려서 **메일이 가지 않습니다.**
- 회사에서 하루에 1통 정도의 **메일이 옵니다.**
- 한국어로 **메일을 쓰는** 것이 어렵습니다.
- 참석자에게 **메일로 연락해서** 장소와 시간을 알리세요.
- 신입 사원은 업무 **메일을 주고받을 때**, 상사에게 메일 내용을 검토 받습니다.
- 회의 자료를 **첨부해서** 메일로 보내 주세요.
- 질문에 답을 찾지 못해서 아직 **답장을 못했습니다.**
- 김 대리가 받은 메일을 **전달해서** 부서 사람들이 상황을 알게 됐습니다.
- 외부에 메일을 보낼 때 상사를 **참조하는** 것이 좋습니다.
- 메일함이 꽉 차서 **메일을** 모두 **삭제했습니다.**

어휘 연습

1. [보기]에서 알맞은 말을 골라 다음 문장을 완성하세요.

[보기] 전임자 후임자 인수인계

투안은 지난주에 영업팀으로 전근 와서 업무 ______ 를 받았습니다.

______ 가 업무 문서를 잘 정리해서 ______ 에게 남겼습니다.

그래서 투안은 일을 쉽게 파악할 수 있었습니다.

2. 빈칸에 알맞은 말을 써서 문장을 완성하세요.

(1) 가: 김 대리, 아까 회의 내용을 메일로 ______ ?

나: 네. 부장님. 회의 마친 후에 바로 메일 드렸습니다.

(2) 가: 투안 씨, A 회사에서 메일이 왔어요.

나: 네. 확인하고 답장을 ______ .

(3) 가: 회의 전에 자료 파일을 메일에 ______ 보내 주세요.

나: 네. 알겠습니다.

(4) 가: 민수 씨, 제가 보낸 메일 받았어요?

나: 저기, 제가 잘 모르고 ______ . 미안하지만 다시 보내 주세요.

문법1

-(으)면

(동사나 형용사, '이다, 아니다'에 붙어) 뒤 절의 내용에 대한 조건이나 가정을 나타낸다. 뒤 절의 내용이 일어나기 위한 근거나 상황에 대한 조건, 확실하지 않거나 아직 이루어지지 않은 사실을 가정하여 말할 때 사용한다.

(Gắn vào động từ hoặc tính từ, 'là (이다), không phải là (아니다)') Nói đến điều kiện hoặc giả định về nội dung của vế sau. Dùng khi nói đến điều kiện của căn cứ hoặc hoàn cảnh để nội dung ở vế sau có thể xảy ra hoặc nói về một giả định về sự thật không chắc chắn hoặc vẫn chưa xảy ra.

- 가: 돈을 많이 벌면 뭐 하고 싶어요?
  나: 돈이 많으면 가족들과 여행을 하고 싶어요.
- 가: 프엉 씨도 커피 드릴까요?
  나: 저는 주스요. 오후에 커피를 마시면 잠을 잘 못 자요.
- 주말이면 동창들을 만나서 시간을 보내요.
- 여기 분위기가 별로면 다른 데로 갈까요?

받침 ○	-으면	먹으면, 읽으면, 있으면, 작으면, 좋으면 *들으면, *더우면, *도우면, *누우면
받침 × ㄹ 받침	-면	가면, 주면, 마시면, 다르면, 쉬면, 운동하면 만들면, 살면, 알면, 멀면, 달면, 길면
이다	이면	회사원이면, 학생이면, 주말이면 휴가이면/휴가면, 친구이면/친구면
아니다	아니면	사원이 아니면, 여기가 아니면

문법 연습1

1. [보기]와 같이 연결하고 쓰세요.

[보기]

한국어를 잘하다 •	• 사진을 찍으러 가다
(1) 날씨가 좋다 •	• 여러 개 사다
(2) 비싸지 않다 •	• 머리가 아프다
(3) 술을 많이 마신다 •	• 번역을 할 수 있다

[보기] 한국어를 잘하면 번역을 할 수 있어요.

(1) ______________________________.

(2) ______________________________.

(3) ______________________________.

2. [보기]와 같이 쓰세요.

[보기] (주말이다) → 주말이면 보통 집에서 쉬어요.

(1) (월급을 받다)

→ ______________________________.

(2) (친구가 집에 놀러오다)

→ ______________________________.

(3) (한국으로 여행을 가다)

→ ______________________________.

문법2

-어야/아야 되다

(동사나 형용사, '이다, 아니다'에 붙어) 어떤 행위를 해야 할 의무가 있거나 어떤 상태로 되어야 할 필요가 있음을 나타낸다. 반드시 수행되어야 하는 의무나 필연적 조건에 대해 말할 때 사용한다.

(Gắn vào động từ hoặc tính từ, 'là (이다), không phải là (아니다)') Sử dụng khi nói nghĩa vụ phải làm 1 hành vi nào đó hoặc cần phải trở thành một trạng thái nào đó. Dùng khi nói về nghĩa vụ nhất định phải làm hoặc điều kiện tất yếu nào đó.

- 가: 작업 다 했어요?
  나: 아니요. 오늘까지 마쳐야 돼요.
- 가: 몇 시에 출발해야 됩니까?
  나: 한 시에 나가야 됩니다.
- 술을 많이 안 마셔야 돼요. 술을 많이 마시지 않아야 돼요.
- 회사에서 정한 문서 양식이어야 됩니다.

ㅏ, ㅗ	-아야 되다	일어나야 되다, 많아야 되다, 와야 되다, *달라야 되다,
ㅏ, ㅗ 이외	-어야 되다	배워야 되다, 쉬어야 되다, 예뻐야 되다 *들어야 되다, *쉬워야 되다
-하다	-해야 되다	청소해야 되다, 편해야 되다
이다	이어야 되다 여야 되다	대학생이어야 되다, 1등이어야 되다 구두여야 되다, 카드여야 되다
아니다	아니어야 되다	불량이 아니어야 되다

★ -어야/아야 하다

'당위적인 의무' 나 '필연적인 조건'이라는 의미를 나타낸다. 둘은 의미상의 차이 없이 사용 가능하다. 다만, '-어야/아야 되다'는 구어나 비격식적인 상황에서 더 많이 사용하는 반면에, '-어야/아야 하다'는 문어나 격식적인 상황에서 더 많이 사용한다.

-어야/아야 되다/ -어야/아야 하다: ~ phải ~

Thể hiện ý nghĩa "nghĩa vụ hiển nhiên" hoặc "điều kiện tất nhiên". Có thể sử dụng hai trường hợp này như nhau. Tuy nhiên, '-어야/아야 되다' được sử dụng nhiều hơn trong khẩu ngữ hoặc trường hợp không mang tính chất nghi thức còn '-어야/아야 하다' thì được dùng trong văn viết hoặc những tình huống có tính chất nghi thức.

- 한국어를 잘해야 돼요. ≒ 한국어를 잘해야 해요.
- 농구 선수는 키가 커야 돼요. ≒ 농구 선수는 키가 커야 해요.
- 매일 비타민을 먹어야 돼요. (구어, 비격식적인 상황)
  매일 비타민을 섭취해야 합니다. (문어, 격식적인 상황)

문법 연습2

1. [보기]와 같이 알맞은 말을 골라 쓰세요.

일어나다 물어보다 배우다 있다 보내다 지키다

[보기] 아침 7시까지 일어나야 돼요.

(1) 회사에 들어갈 때 사원증이 ________________.

(2) 잘 모르면 상사에게 ________________.

(3) 정해진 규칙을 ________________.

(4) 이메일을 받으면 24시간 안에 답장을 ________________.

(5) 한국어 시험을 봐요. 한국어를 ________________.

2. [보기]와 같이 대화를 완성하세요.

[보기] 가: 오늘 저녁에 같이 식사할까요?
나: 미안해요. 일을 빨리 끝내야 돼요. 다음에 봐요.

(1) 가: 음식을 어디에 둘까요?
나: 날씨가 많이 더워요. 냉장고에 ________________.

(2) 가: 감기에 걸려서 머리가 아파요.
나: 집에서 푹 ________________.

(3) 가: '한국건설'에 가야 해요. 어디에서 ________________?
나: 다음 정류장에서 내리세요.

(4) 가: 한국어를 잘하고 싶어요. 어떻게 ________________?
나: ________________.

대화

김 부장: 업무 인수인계는 정세아 대리가 해 줄 거예요.

투 안: 네, 알겠습니다. 감사합니다.

- 잠시 후 -

정세아: 인수인계 파일을 이메일로 보냈어요. 이해가 안되면 바로 물어보세요.

투 안: 네, 감사합니다. 살펴보고 모르는 것이 있으면 말씀드리겠습니다.

정세아: 영업팀은 일이 많아서 업무를 빨리 익혀야 돼요. 열심히 하세요.

투 안: 네. 최대한 빨리 업무를 파악하겠습니다.

- 업무
- 인수인계
- 파일
- 이해가 되다/안되다
- 바로
- 살펴보다
- 익히다
- 최대한
- 파악하다

- 업무[엄무]
- [인수인계/인수인게]
- 영업팀[영업팀]

- 정세아 대리는 투안 씨에게 무엇을 보냈습니까?
- 투안 씨는 지금 무슨 일을 해야 합니까?

03 전산팀에 연락해 보세요

1 사람들이 무엇을 하고 있습니까?

2 회사 컴퓨터에 어떻게 접속합니까?

3 회사에서 생기는 문제는 무엇이 있습니까?

학습 목표

- 직장에서 문제가 발생했을 때 사용하는 문법과 어휘를 이해하고 표현할 수 있다.
- 회사 사람들과 대화를 통해 문제를 해결할 수 있다.

어휘: 업무 문서, 문서 양식

문법: -(으)ㄹ 때, -어/아 보다[1]

어휘 1

업무 문서

문서	입력	저장
편집	삽입	수정
복사	삭제	인쇄

- 업무 **문서**는 워드 파일로 작성합니다.
- 표를 만들고 데이터를 **입력**하세요.
- 구매 확인서를 바탕화면에 **저장**했습니다.
- 업무 문서를 작성하고 보기 좋게 **편집**을 합니다.
- insert 키를 누르면 **삽입**과 **수정**이 바뀝니다.
- Ctrl + C 를 누르면 **복사**가 됩니다.
- 문서에서 필요 없는 내용은 **삭제**하세요.
- 회의 자료를 열 부 **인쇄**했습니다.

- word: 워드
- hwp: 한글
- ppt: 파워포인트
- excel: 엑셀
- pdf

어휘 2

문서 양식

보고서	통지서	신청서	의뢰서
조회서	회답서	승인서	항의서

- 출장 후에는 출장 **보고서**를 제출해야 합니다.
- 물품을 발송하고 출하 **통지서**를 팩스로 보냈습니다.
- 휴가를 가고 싶을 때는 먼저 휴가 **신청서**를 내야 합니다.
- 물품 총비용이 궁금해서 거래처에 **견적 의뢰서**를 보냈습니다.
- 재고 상황 **조회서**를 보내서 재고 개수를 확인해 보세요.
- 공장 견학 **의뢰서**가 왔습니다. 다음 주까지 **회답서**를 보내야 합니다.
- 물품 납부를 연기하는 것에 대해 **승인서**를 받았습니다.
- 물품 납부가 많이 늦어서 **항의서**를 보냈습니다.

- 제출하다
- 발송(하다)
- 출하 ↔ 입하
- 총비용
- 거래처
- 재고
- 견학(하다)
- 회답서≒답신
- 납부(하다)

어휘 연습

1. [보기]와 같이 연결하세요.

[보기]

출장을 다녀왔습니다.	•	• 항의서
(1) 거래처에 물품을 보냈습니다.	•	• 출장 보고서
(2) 휴가를 가고 싶습니다.	•	• 견적 의뢰서
(3) 상품에 대한 총비용이 궁금합니다.	•	• 휴가 신청서
(4) 주문한 물품이 잘못 왔습니다.	•	• 출하 통지서

2. [보기]에서 알맞은 말을 골라 다음 문장을 완성하세요.

[보기] 저장 인쇄 편집 복사 삭제

(1) 💾을 누르면 ______ 이/가 됩니다.

(2) 🖨을 누르면 ______ 을/를 할 수 있습니다.

(3) Delete를 누르면 ______ 이/가 됩니다.

(4) ______ 을/를 빨리 하고 싶으면 Ctrl + C를 누르면 됩니다.

(5) 문서를 작성할 때 보기 좋게 ______ 을/를 하는 것이 중요합니다.

문법1

-(으)ㄹ 때

(동사나 형용사에 붙어) 어떤 행위나 상황이 발생한 시간상의 순간이나 지속되는 동안을 나타낸다. 특정 시점에 행해진 일이나 발생한 상황을 나타내거나, 특정 조건 및 상황을 나타낼 때 사용한다.

(Gắn vào động từ hoặc tính từ) Cho thấy khoảnh khắc hoặc mốc thời gian phát sinh hành vi hoặc tình huống nào đó. Sử dụng khi nói đến hành động được thực hiện hay tình huống phát sinh trong một thời điểm nhất định nào đó, cũng có thể sử dụng khi nói đến điều kiện,tình huống đặc thù nào đó.

- 가: 시간이 있을 때 뭘 해요?
  나: 영화를 봐요.
- 가: 근무 중에 잠이 올 때 어떻게 해요?
  나: 그럴 때는 커피를 마셔요.
- 기분이 좋을 때 콧노래를 불러요.
- 회사에 들어갈 때 보안카드가 필요합니다.

받침 ○	-을 때	먹을 때, 읽을 때, 있을 때, 좋을 때, 앉을 때, *들을 때, *더울 때, *그럴 때
받침 × ㄹ 받침	-ㄹ 때	갈 때, 올 때, 줄 때, 마실 때, 일할 때, 쓸 때, 슬플 때, *만들 때

★ 과거 '-었-'과 결합할 수 있다. '-었을 때'는 '과거의 시간'이나 '어떤 동작이 완료된 상황'을 나타낸다.

- 나는 어렸을 때 한국 회사에 취직하는 것이 꿈이었다.
- 문제가 생겼을 때는 먼저 저한테 말해 주세요.

문법 연습1

1. [보기]와 같이 쓰세요.

[보기] 회사, 일하다, 때 / 행복하다 → 회사에서 일할 때 행복해요.

(1) 집, 밥, 먹다, 때 / TV, 보다

→ ______________________________.

(2) 기분, 좋다, 때 / 노래, 부르다

→ ______________________________.

(3) 문제, 있다, 때 / 김 대리, 물어보다

→ ______________________________.

(4) 회사, 피곤하다, 때 / 휴게실, 커피, 마시다

→ ______________________________.

2. [보기]와 같이 대화를 완성하세요.

[보기] 가: 회사에서 언제 힘들어요?
나: 작업량이 많을 때 힘들어요.

(1) 가: 언제 고향에 가고 싶어요?

나: ______________________________.

(2) 가: 무엇을 할 때 행복해요?

나: ______________________________.

(3) 가: 나는 동료가 무엇을 할 때 기분이 나빠요?

나: ______________________________.

문법2

-어/아 보다[1]

(동사에 붙어) 과거에 경험하지 않은 어떤 행위를 한 번 시도함을 나타낸다. 권유하거나 조언하는 말을 할 때 주로 사용한다.

(Gắn vào động từ) Thể hiện việc sẽ làm thử một hành động nào đó chưa từng làm trong quá khứ. Chủ yếu dùng khi khuyên nhủ hoặc tư vấn.

- 가: 컴퓨터가 멈췄어요.
  나: 컴퓨터를 재부팅해 보세요.
- 가: 흐엉 씨, 지금 마시는 게 뭐예요?
  나: 한국 커피요. 한 번 마셔 보세요.
- 이 제품을 써 보세요.
- 부장님께 말씀드려 보세요.

-어 보다	먹어 보다, 마셔 보다, 써 보다, *들어 보다, *누워 보다
-아 보다	가 보다, 와 보다, 살아 보다
-여 보다	해 보다, 공부해 보다, 재부팅해 보다

문법 연습2

1. [보기]와 같이 쓰세요.

[보기]	컴퓨터 / 재부팅하다 → 컴퓨터를 재부팅해 보세요.

(1) 삼계탕 / 먹다

→ ________________.

(2) 병원 / 가다

→ ________________.

(3) 거래처 직원 / 만나다

→ ________________.

(4) 설명서 / 읽다

→ ________________.

2. [보기]와 같이 대화를 완성하세요.

[보기]	가: 이 옷 예쁘네요. 나: 그럼 한 번 입어 보세요.

(1) 가: 한국어를 잘하고 싶어요.

나: 한국 친구를 ________________.

(2) 가: 맛있는 베트남 음식을 먹고 싶어요.

나: 그럼, ________________.

(3) 가: 다음 주에 휴가를 내고 싶어요. 괜찮을까요?

나: 부장님께 먼저 ________________.

(4) 가: 컴퓨터 속도가 느려졌어요.

나: 그럼, 전산팀에 ________________.

대화

투 안: 정 대리님, 컴퓨터에 문제가 있을 때는 어떻게 해야 해요?

정 대리: 왜요? 무슨 문제가 생겼어요?

투 안: 영업 관리 시스템에 접속이 안 돼요.

정 대리: 그럼, 컴퓨터를 재부팅해 보세요.

투 안: 네, 그렇게 해 보겠습니다.

정 대리: 그래도 안 되면 전산팀에 연락해 보세요.

- 접속
- 접속이 안 되다
- 재부팅하다

- 어떻게[어떠케]
- 생겼어요[생겨써요]
- 관리[괄리]

- 투안한테 무슨 문제가 생겼습니까?
- 정 대리는 투안한테 무슨 조언을 했습니까?

04 혼자 처리하면 안 돼요

1. 사람들이 무엇을 하고 있습니까?
2. 처음 일을 배울 때 무엇이 어려웠습니까?
3. 다른 사람에게 일을 가르쳐 준 경험이 있습니까?

학습 목표

- 결재와 구매 상황에 대한 어휘를 알고 표현할 수 있다.
- 허락과 금지 표현을 사용하여 묻고 답할 수 있다.

어휘: 결재, 구매

문법: -어도/아도 되다, -(으)면 안 되다

어휘 1

결재

결재 서류	결재 문서	결재 단계	결재를 요청하다
승인하다/승인되다	반려하다/반려되다	결재가 나다	결재를 받다

- 일을 결정할 때는 보고서와 **결재 서류**가 필요합니다.
- 지난달 **결재 문서** 중에서 김 대리의 '보안 시스템 개선 방안'이 가장 좋은 평가를 받았습니다.
- 우리 부서의 **결재 단계**는 '담당자 → 대리 → 과장 → 부장' 순서입니다.
- 부장님이 사장님에게 **결재를 요청했습니다**.
- 행사 계획이 **승인돼서** 행사 준비를 시작했습니다.
- 컴퓨터 구매 요청이 **반려돼서** 이번에 구매할 수 없습니다.
- 내년 예산이 아직 **결재가 나지 않았습니다**.
- 김 대리가 이 과장에게 **결재를 받으러 갔습니다**.

어휘 2

구매

구매	구매하다	구매 가격/구매가	구매 후기
구매 목적	물품	수량	단가

- 카메라 **구매**, 자동차 **구매**, **구매** 고객
- 우리 부서에 프린트기를 추가 **구매하려고** 합니다.
- **구매 가격**이 높지 않은 프린트기를 찾아보세요.
- A 카메라의 **구매 후기**가 좋아서 그걸 사고 싶습니다.
- 이 카메라의 **구매 목적**은 행사용입니다.
- 구매할 **물품**은 프린트기, 카메라로 두 개입니다.
- 카메라의 구매 **수량**은 두 대입니다.
- 카메라 한 대의 **단가**는 4,000만 동입니다.

- 행사용
- -용(用)
  남성용
  여성용
  일회용
  휴대용

어휘 연습

1. 그림에 대한 설명으로 맞는 것을 고르세요. (답:)

① 여자가 결재를 받았습니다.
② 남자가 결재를 요청했습니다.
③ 두 사람이 전자 결재를 사용합니다.
④ 여자가 결재 문서를 만들었습니다.

2. [보기]에서 알맞은 단어를 찾아 문서를 완성하세요.

[보기]　　단가　수량　결재　물품

구매 품의서

(1)	담당	과장	부장	사장

구매 요구 부서		총무부		일자	20__. 02. 20
구매 목적		행사용		발주번호	1245-80-2948
번호	(2)	품명	(3)	(4)	금액
1	프린터	ML200	1	6,000d	6,000d
2	디지털카메라	LXUS	2	4,000d	8,000d
3					
4					
5					

문법1

-어도/아도 되다

(동사나 형용사, '이다, 아니다'에 붙어) 어떤 행위나 상태를 허락하거나 허용함을 나타낸다. 허용이 되는지를 질문하거나 이에 대해 허용한다는 의미의 대답을 할 때 사용한다.

(Gắn vào động từ hoặc tính từ), 'là (이다), không phải là (아니다)') Thể hiện sự đồng ý hoặc chấp thuận hành vi hay trạng thái nào đó. Dùng khi trả lời đồng ý với câu hỏi có đồng ý hay không.

- 가: 프엉 씨, 뭐 좀 물어봐도 돼요?
  나: 네. 말씀하세요.
- 가: 물 좀 마셔도 돼요?
  나: 그럼요. 마셔도 됩니다.
- 가: 사진을 찍어도 될까요?
  나: 아니요. 사진 촬영은 안 돼요.
- 가: 이따가 유미 씨한테 전화해도 돼요?
  나: 미안해요. 오늘은 병원에 가야 해서 전화를 못 받아요.

ㅏ, ㅗ	-아도 되다	가도 되다, 와도 되다, *달라도 되다
ㅏ, ㅗ 이외	-어도 되다	마셔도 되다, 쉬어도 되다, 있어도 되다, *무거워도 되다, *들어도 되다
-하다	-해도 되다	운동해도 되다, 전화해도 되다, 좋아해도 되다
이다	이어도 되다 여도 되다	학생이어도 되다, 우유여도/우유이어도 되다
아니다	아니어도 되다	가족이 아니어도 되다

★ '-어도/아도 되다'는 허락을 질문하는 의문문과 이에 대한 대답으로 주로 사용된다.

Chủ yếu được dùng để trả lời câu hỏi có đồng ý không '- như vậy có được không (-어도/아도 되다)'

★ '-어도/아도 되다'에서 '되다' 자리에 '좋다, 괜찮다'를 사용하기도 한다.

Cũng có khi sử dụng 'tốt (좋다), không sao (괜찮다)' thay cho 'được (되다)' khi trả lời cho câu hỏi '- như vậy có được không (-어도/아도 되다)'.

문법 연습1

1. [보기]와 같이 쓰세요.

[보기]	늦게 일어나다 → 늦게 일어나도 돼요.

(1) 안 먹다

→ ______________________.

(2) 사진을 보다

→ ______________________.

(3) 글자가 작다

→ ______________________.

(4) 음악을 듣다

→ ______________________.

2. [보기]와 같이 대화를 완성하세요.

[보기] 가: 저기, 휴대 전화를 안 가지고 왔어요. 유미 씨 전화를 사용해도 돼요?
나: 네. 여기 있어요.

(1) 가: 다리가 좀 아파요. 여기에 ______________________?
나: 네. 물론이지요.

(2) 가: 좀 덥네요. 창문을 ______________________?
나: 그렇게 하세요.

(3) 가: 음식이 좀 매울 거예요.
나: 괜찮아요. 저는 매운 음식을 좋아해서 ______________________.

(4) 가: 이 바지가 마음에 들어요. ______________________?
나: 네. 손님. 저기 탈의실에서 입어 보세요.

문법2

-(으)면 안 되다

(동사, 형용사, '이다, 아니다'에 붙어) 어떤 행위를 하지 못하게 하거나 어떤 상태가 되는 것을 금지함을 서술할 때 사용한다.

(Gắn vào động từ hoặc tính từ, 'là (이다), không phải là (아니다)') Sử dụng khi diễn tả không được làm hành vi nào đó hoặc cấm không được trở thành một trạng thái nào đó.

- 가: 휴대 전화를 사용해도 돼요?
  나: 회사 안에서는 사용하면 안 돼요.
- 가: 지금 먹어도 돼요?
  나: 지금 드시면 안 돼요. 행사 시작할 때까지 기다려 주세요.
- 담배를 피우면 안 돼요.
- 약속을 어기면 안 돼요.

받침 ○	-으면 안 되다	먹으면 안 되다, 없으면 안 되다, *들으면 안 되다, *추우면 안 되다
받침 × ㄹ 받침	-면 안 되다	가면 안 되다, 쉬면 안 되다, 지각하면 안 되다, 다르면 안 되다
이다	이면 안 되다 면 안 되다	학생이면 안 되다, 혼자면/혼자이면 안 되다
아니다	아니면 안 되다	저기가 아니면 안 되다

문법 연습2

1. [보기]와 같이 쓰세요.

[보기] 출근 시간에 늦으면 안 돼요.

(1) 일할 때 ______.

(2) 극장에서 ______.

(3) 상사에게 ______.

(4) 회의할 때 ______.

2. [보기]와 같이 대화를 완성하세요.

[보기] 가: 일 끝나고 한잔 할까요?
나: 아쉽네요. 요즘 몸이 안 좋아서 술을 마시면 안 돼요.

(1) 가: 여기에서 담배를 피워도 돼요?
나: 건물 안에서 ______.

(2) 가: 투안 씨, 어제 못 잤어요? 회의 때 ______.
나: 죄송합니다. 감기약을 먹어서 졸려요.

(3) 가: 대리님, 오래된 자료는 모두 버릴까요?
나: ______. 자료는 모두 보관해야 해요.

(4) 가: 김 대리, 여기 좀 봐 주세요.
나: 상사를 부를 때 ______. '님'을 붙여야 해요.

대화

투 안: 유미 씨, 구매 목록표 작성은 다 했어요.
구매팀에 보내도 될까요?

유 미: 작성하고 검토도 했지요?

투 안: 네, 여러 번 검토했어요.

유 미: 대리님께 결재도 받았어요?

투 안: 아니요. 결재를 받고 보내야 돼요?

유 미: 당연하죠. 구매 건은 혼자 처리하면 안 돼요.
대리님께 결재 서류를 올리세요.

투 안: 아, 그렇군요. 알려 줘서 고마워요.

- 구매 목록표
- 작성하다
- 검토하다
- 건
- 처리하다
- 알려 줘서 고마워요.
- 알려 주셔서 감사합니다.

- 목록표[몽녹표]
- 결재[결쨰]

• 투안 씨는 무엇을 안 했습니까?

• 투안 씨는 무엇을 할 겁니까?

05 홍보팀에 가서 말해 줄게요

1. 사람들이 무엇을 보고 있습니까?
2. 회사 사보를 본 적이 있습니까?
3. 여러분의 회사 사보에는 어떤 내용들이 있습니까?

학습 목표

- 직장에서 사보에 관한 이야기를 할 때 사용하는 문법과 어휘를 사용할 수 있다.
- 회사 사람들과 사보를 보며 이야기할 수 있다.

어휘: 잡지, 사보

문법: -어서/아서^2, -(으)ㄴ데/는데

어휘 1

잡지

잡지	표지	차례	제목
기사	인터뷰	발행하다	실리다

- 미용실에서 기다릴 때 **잡지**를 봅니다.
- 경제 잡지 **표지**에 우리 회사 사진이 실렸습니다.
- 잡지의 **차례**를 보면 **기사**의 페이지를 알 수 있습니다.
- 기사를 썼는데 **제목**을 정하기가 어렵습니다.
- 지난주에 기자를 만나서 **인터뷰**를 했습니다.
- 회사에서는 한 달에 한 번 회사 사보를 **발행합니다**.
- 여름호에 정 대리님 **기사**가 **실렸습니다**.

❸ 실리다

어휘 2

사보

사내 잡지	콘텐츠	표지 모델
사연	소식	직원과의 만남

- 사보는 회사에서 발행하는 **사내 잡지**입니다.
- 연말 특집호는 다양한 **콘텐츠**로 구성되었습니다.
- 우리 팀의 투안 씨가 여름 호 사보에 **표지 모델**이 되었습니다.
- 여름휴가 때 경험한 재미있는 **사연**을 적어서 보냈습니다.
- 사보를 보면 회사의 여러 가지 **소식**을 알 수 있습니다.
- **직원과의 만남** 코너에 정 대리의 인터뷰가 실렸습니다.

- 특집호
- 콘텐츠로 구성되다
- 사연을 적다
- 사연을 보내다
- 코너

어휘 연습

1. [보기]에서 알맞은 말을 골라 빈칸에 쓰세요.

[보기]	표지 제목 콘텐츠 표지 모델

2. [보기]에서 알맞은 말을 골라 다음 문장을 완성하세요.

[보기]	기사 사연 인터뷰 발행하다 실리다

(1) 재미있는 ________ 적어 보내면 사보에 나올 수 있습니다.

(2) 다음 주에 홍보팀 직원과 ________ 약속을 했습니다.

(3) 기자는 사실에 맞게 ________ 써야 합니다.

(4) 우리 회사는 한 달에 한 번 사내 잡지를 ________.

(5) 내가 쓴 글이 이번 달 사보에 ________.

문법1

- 어서 / 아서²

(동사에 붙어) 동작을 시간 순서에 따라 연결할 때 쓴다. 앞의 내용이 먼저 일어나고 뒤의 내용이 나중에 일어남을 나타낼 때 사용한다.

(Gắn vào động từ) Dùng để kết nối các động tác theo tuần tự thời gian. Dùng khi nói đến nội dung ở phía trước xảy ra trước và nội dung vế sau xảy ra sau.

- 가: 거래처에 가서 뭘 했어요?
  나: 구매담당자를 만나서 회의를 했어요.
- 가: 아침에 일어나서 제일 먼저 뭘 해요?
  나: 아침에 일어나서 먼저 세수를 해요.
- 저녁은 나가서 먹읍시다.
- 출장 보고서를 써서 제출하세요.

ㅏ, ㅗ	-아서	가서, 와서, 좋아서, *달라서
ㅏ, ㅗ 이외	-어서	마셔서, 쉬어서, 있어서, *무거워서, *들어서
-하다	-해서	작성해서, 보고해서, 도착해서

★ 앞 절과 뒤 절의 주어가 같아야 하고, 주로 뒤 절의 주어는 생략한다.

Chủ ngữ của vế trước và vế sau phải giống nhau và thường chủ ngữ ở vế sau được lược bỏ.

- 나는 오전에 출장 보고서를 써서 동료가 제출했어요. (×)
- 나는 오전에 출장 보고서를 써서 (내가) 제출했어요. (○)

★ 과거 '-었-'이나 미래·추측을 나타내는 '-겠-'과 결합할 수 없다.

Không thể kết hợp với thì quá khứ '-었-' hoặc thì tương lai, dự đoán '-겠-'.

문법 연습1

1. [보기]와 같이 쓰세요.

[보기] 회사에 가다 / 일하다 → 회사에 가서 일해요.

(1) 아침에 일어나다 / 세수를 하다

→ ________________.

(2) 거래처에 갔다 / 거래처 사람을 만났다

→ ________________.

(3) 직원을 만나다 / 이야기를 하다

→ ________________.

(4) 회사에 돌아왔다 / 점심을 먹었다

→ ________________.

2. [보기]와 같이 대화를 완성하세요.

[보기] 가: 홍보팀 직원은 만났어요? 같이 이야기도 했어요?
나: 네. 오전에 만나서 이야기 했어요.

(1) 가: 어제 거래처 사람을 만났어요?

나: 네. ________ 이야기 했어요.

(2) 가: 냉장고에 음식 재료가 하나도 없네요.

나: 오늘은 피자를 ________ 먹어요.

(3) 가: 회사에 가려면 어떻게 가요?

나: 정류장에 ________ 왼쪽으로 10분 쯤 가면 돼요.

(4) 가: 은행이 어디에 있어요?

나: 이 길을 ________ 오른쪽으로 가면 있습니다.

문법2

-(으)ㄴ데 / 는데

(동사나 형용사, '이다, 아니다' 에 붙어) 뒤 절의 사실에 대해 앞 절이 배경이 되거나 상관되는 상황이 됨을 나타낸다. 뒤 절에서 서술하거나 질문하거나 시키거나 제안하기에 앞서서 관련 배경이나 상황을 설명할 때 주로 사용한다.

Gắn vào động từ hoặc tính từ, 'là (이다), không phải là (아니다)') Cho thấy vế trước trở thành bối cảnh của vế trước hoặc tình huống liên quan đến vế trước. Chủ yếu sử dụng khi giải thích tình huống hoặc bối cảnh có liên quan đến đề nghị

- 가: 오늘 저녁에 시간 있어요?
  나: 오늘 저녁은 바쁜데 내일은 어때요?
- 가: 저, 먼저 들어가겠습니다.
  나: 저도 지금 퇴근하는데 같이 갑시다.
- 이건 우리 회사 사보인데 한 달에 한 번 발행해요.
- 어제 식당에 갔는데 홍보팀 직원을 만났어요.

현재	동사	받침 ○	-는데	먹는데, 읽는데, 있는데, *노는데
		받침 ×		
	형용사	받침 ○	-은데	작은데, 높은데, *매운데, *그런데
		받침 ×	-ㄴ데	큰데, 아픈데, 슬픈데, *먼데
		ㄹ 받침		
	명사	받침 ○	인데	회사인데, 직원인데
		받침 ×		
과거	동사 형용사	ㅏ, ㅗ	-았는데	찾았는데, 만났는데, 왔는데, *빨랐는데
		ㅏ, ㅗ 이외	-었는데	읽었는데, 마셨는데, *들었는데, *구웠는데, *불렀는데
		-하다	-했는데	전화했는데, 일했는데, 깨끗했는데, 조용했는데
	명사	받침 ○	이었는데	병원이었는데, 아침이었는데
		받침 ×	였는데	의사였는데, 어디였는데
미래	동사 형용사	받침 ○	-을 건데	먹을 건데, 좋을 건데, *들을 건데 *더울 건데
		받침 ×	-ㄹ 건데	갈 건데, 클 건데, *만들 건데
		ㄹ 받침		

문법 연습2

1. [보기]와 같이 쓰세요.

[보기] 저 사람 투안이다 / 일을 잘하다

→ 저 사람은 투안 씨인데 일을 잘해요.

(1) 어제 백화점에 갔다 / 친구를 만났다

→ ______________________________.

(2) 영업팀 투안이다 / 부장님 계세요?

→ ______________________________?

(3) 견적 의뢰서를 썼다 / 한 번 봐 주세요

→ ______________________________.

(4) 내일 인터뷰가 있다 / 실수할 것 같아서 걱정이다

→ ______________________________.

2. [보기]와 같이 대화를 완성하세요.

[보기] 가: 와, 날씨가 좋네요.

나: 날씨도 좋은데 오늘 외식할까요?

(1) 가: 지난 주에 마트에 ______________ 투안 씨를 만났어요.

나: 그래요? 반가웠겠네요.

(2) 가: 투안 씨는 퇴근 안 해요?

나: 아직 일이 ______________ 먼저 퇴근하세요.

(3) 가: 오늘은 날씨가 덥네요.

나: 네. ______________ 다 같이 시원한 아이스크림 어때요?

(4) 가: 시간이 정말 빠르네요.

나: 네. 입사한 게 ______________ 벌써 1년이 지났어요.

대화

투 안: 여러분, 이것 좀 보세요. 사내 잡지에 우리 팀 정 대리님 인터뷰가 나왔어요.

세 아: 아, 지난달에 홍보 팀 직원을 만났는데 자꾸 부탁해서요.

투 안: 대리님 사진이 정말 잘 나왔어요.

세 아: 고마워요. 참, 홍보팀에서 외국인 직원도 인터뷰하고 싶어 하는데 투안 씨가 해 보면 어때요?

투 안: 제가요? 잘할 수 있을까요?

세 아: 내가 홍보팀에 이야기해 줄게요.
만나서 이야기해 보세요.

- 사내 잡지
- 인터뷰

- 이것 좀[이걷쫌]
- 잡지[잡찌]
- 만났는데[만난는데]
- 부탁해서[부타케서]
- 줄게요[줄께요]

• 사내 잡지에 누구의 인터뷰가 나왔습니까?

• 세아 씨는 홍보팀에 가서 무엇을 할 예정입니까?

06 영업 실적을 보면서 계산을 하고 있는데요

1 투안과 유미는 뭘 합니까?

2 프엉은 지금 무엇을 합니까?

학습 목표

- 직장에서 현재 진행하는 일을 이야기할 수 있다.
- 업무 중에 어려움이 있을 때 도움을 요청할 수 있다.

어휘: 영업 실적, 서류

문법: -(으)면서, -고 있다

어휘 1

영업 실적

월간 목표	달성률	전월 대비	판매 실적	판촉 활동
매출	영업 이익	감소하다	증가하다	홍보

- 우리 회사는 지난 한 달 동안 열심히 해서 **월간 목표**를 달성했습니다.
- 지난해 판매량이 증가하여 연간 목표 **달성률**은 110%입니다.
- 우리 팀 생산량이 **전월 대비** 2% 많아졌습니다.
- **판매 실적**이 좋아서 생산량도 **증가했습니다**.
- 김 대리님은 **판촉 활동**을 하러 거래처에 가셨어요.
- **매출**이 적으면 **영업 이익**도 **감소합니다**.
- **홍보**에 주력하면서 신규 거래처를 늘려야 합니다.

- 달성하다
- 판매량
- 연간 목표
- 생산량
- 거래처
- 에 주력하다
- 신규
- 늘리다

어휘 2

서류

서류 작성	서류 제출	서류 검토
서류 양식	서류 파일	서류 목록

- 지금 **서류 작성**을 하고 있어서 좀 바쁩니다.
- **서류 제출**을 서둘러 주세요.
- **서류 검토**가 다 끝나면 과장님께 보고해 주세요.
- **서류 양식**이 회사마다 달라서 배워야 해요.
- **서류 파일**이 너무 많아서 찾기가 어려워요.
- 제출해야 하는 **서류 목록**을 정리해서 알려 주세요.

- 서두르다
- 정리하다
- 알려 주다

어휘 연습

1. 그림을 보고 [보기]에서 알맞은 말을 골라 다음 문장을 완성하세요.

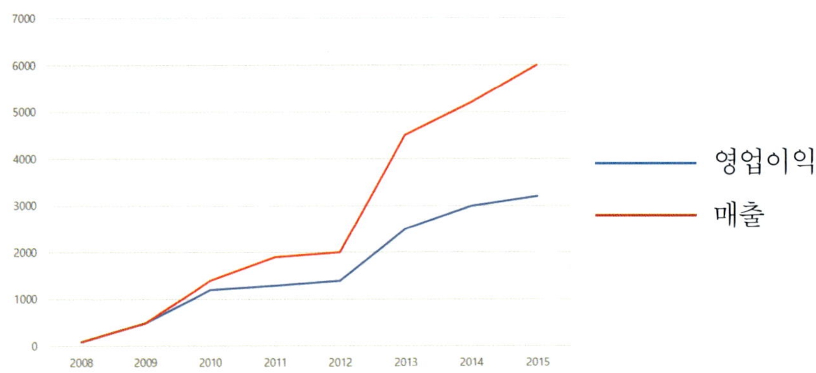

[보기] 매출 영업 이익 목표 증가 홍보

우리 회사는 2008년부터 ___매출___ 와/과 ________ 이/가 계속 ________ 했습니다.

올해에도 계속 ________ 을/를 해서 매월 월간 ________ 을/를 달성해야 합니다.

2. [보기]에서 알맞은 말을 골라 다음 문장을 완성하세요.

[보기] 제출 검토 양식 목록

(1) 서류가 너무 많아서 먼저 ________ 에서 찾아 봐야 해요.

(2) 과장님이 서류를 ________ 해 보고 문제가 있으면 알려 주실 거예요.

(3) 서류를 부장님에게 ________ 하기 전에 다시 한 번 더 확인해 주세요.

(4) 회사에서 쓰는 서류는 회사에 맞는 ________ 이/가 있어서 이를 잘 지켜서 써야 합니다.

문법1

-(으)면서

(동사에 붙어) 두 가지 이상의 행동이나 상태를 동시에 겸하고 있음을 나타낸다. 앞 절의 행동을 하면서 동시에 뒤 절의 다른 행동도 유지하고 있음을 나타낸다.
(Gắn vào động từ) Thể hiện việc có cùng một lúc hai hành động hoặc trạng thái trở lên. Cho thấy việc vừa làm hành động ở vế trước vừa đồng thời duy trì hành động khác ở vế sau.

- 가: 유 대리님, 지금 뭐 하세요?
  나: 영업 실적을 보면서 계산을 하고 있어요.
- 가: 어제 친구와 만나서 뭐 했어요?
  나: 맥주를 마시면서 이야기를 했어요.
- 저는 음악을 들으면서 버스를 기다렸어요.
- 동생이 울면서 밖으로 나갔어요.

받침 ○	-으면서	먹으면서, 좋으면서, *걸으면서, *도우면서
받침 × ㄹ 받침	-면서	가면서, 보면서, 부르면서, 살면서, 만들면서

★ 앞 절과 뒤 절의 주어는 반드시 같아야 하고, 주로 뒤 절의 주어는 생략한다.

Chủ ngữ của vế trước và vế sau nhất định phải giống nhau và thường thì chủ ngữ của vế sau được lược bỏ.

- 나는 피아노를 치면서 동생은 노래를 불렀어요. (×)
  나는 피아노를 치면서 (나는) 노래를 불렀어요. (○)

★ 과거 '-었-'이나, 미래·추측을 나타내는 '-겠-'과 결합할 수 없다.

Không thể kết hợp giữa thì quá khứ '-었' với thì tương lai hay dự đoán '-겠'.

- 나는 울었으면서 화를 냈어요. (×)
  나는 울겠으면서 화를 낼 거예요. (×)

문법 연습1

1. [보기]와 같이 쓰세요.

[보기]

기타를 치면서 노래를 불러요.

(1)

______.

(2)

______.

(3)

______.

(4)

______.

2. [보기]와 같이 대화를 완성하세요.

[보기] 가: 투안 씨, 너무 힘든데 좀 쉴까요?
나: 네. 잠깐 커피 마시면서 쉬어요.

(1) 가: 지금 입고 확인서를 처음 써 보는데 좀 어렵네요.
나: 제 입고 확인서를 ______ 써 보세요.

(2) 가: 영업팀 직원이 회의에 좀 늦게 올 거예요.
나: 괜찮아요. ______ 기다리면 돼요.

(3) 가: 보통 저녁에 혼자 밥을 먹어요?
나: ______.

(4) 가: 보통 주말에 무엇을 해요?
나: ______.

문법2

-고 있다

(동사에 붙어) 어떤 동작이 끝나지 않고 진행되고 있음을 나타낸다. 지금 무엇을 하는지에 대해 설명할 때 사용한다. 또한 진행의 의미가 확장되어 어떤 일을 반복적으로 지속한다는 의미를 나타내기도 한다. 이때는 주로 계획을 수행하기 위해 요즘 하고 있는 일을 설명할 때 사용한다.

(Gắn với động từ) Thể hiện một hành vi nào đó chưa kết thúc và vẫn đang được tiến hành. Sử dụng khi giải thích về việc bây giờ mình sẽ làm.Ngoài ra, còn được sử dụng khi mở rộng ý nghĩa của hành động, thể hiện việc liên tiếp lặp đi lặp lại một hành động naog đó. Với trường hợp này thường được sử dụng khi giải thích rằng gần đây đang làm việc gì đó để thực hiện một kế hoạch.

- 가: 거기에서 뭘 해요?
  나: 퇴근 버스를 기다리고 있어요.
- 가: 유미 씨, 같이 커피 마실까요?
  나: 미안해요. 지금 작업을 하고 있어서요.
- 시설팀에서 5시간 동안 기계를 고치고 있어요.
- 저는 주말마다 피아노를 배우고 있어요.

받침○	-고 있다	찾고 있다, 듣고 있다, 살고 있다, 돕고 있다
받침×		가고 있다, 부르고 있다

★ -고 계시다

- 저는 가고 있어요.
- 할아버지께서는 가고 계세요.
- 동생은 노래하고 있어요.
- 아버지께서는 노래하고 계세요.

문법 연습2

1. [보기]와 같이 쓰세요.

[보기]

복사를 하고 있어요.

(1)

______________.

(2)

______________.

(3)

______________.

(4)

______________.

2. [보기]와 같이 대화를 완성하세요.

[보기] 가: 지금 뭘 하고 있어요?

나: 출장 보고서를 쓰고 있어요.

(1) 가: 프엉 씨, 지금 거래처에 이메일을 보내 주세요.

나: 죄송해요. 저는 지금 ______________.

(2) 가: 아이스크림을 먹고 싶어요?

나: 아니요. 지금 ______________.

(3) 가: 차장님은 지금 ______________?

나: 지금 회의 중이세요.

(4) 가: 요즘 무슨 운동을 배워요?

나: ______________.

대화

이유미: 투안 씨, 혹시 지금 바빠요?

투 안: 네, 조금요. 거래처에 보낼 서류를 작성하고 있어요.

이유미: 그렇군요. 마치면 알려 주세요.

투 안: 무슨 일이에요? 급한 일이면 지금도 괜찮아요.

이유미: 아, 지금 영업 실적을 보면서 계산을 하고 있는데요. 수치가 잘 안 맞아서요. 같이 좀 봐 주세요.

투 안: 네, 그런 거라면 금방 할 수 있어요.

- 혹시
- 마치다
- 알려 주다
- 급하다
- 계산
- 수치
- 안 맞다
- 그런 거라면
- 금방

- 급한[그판]

- 남자는 지금 왜 바쁩니까?
- 여자는 뭘 하고 있습니까?

07 어제 퇴근하려고 할 때 급한 연락이 왔습니다

1 회사 안에서 사진을 찍어도 됩니까? 왜 그렇습니까?

2 회사의 중요한 비밀을 말해도 됩니까? 왜 그렇습니까?

학습 목표

- 이유와 의도를 나타내는 표현을 사용할 수 있다.
- 보안에 대한 어휘를 사용할 수 있다.

어휘: 보안, 규정

문법: -(으)려고 하다, -(으)니까[1]

어휘 1

보안

보안 서약서	보안 유지	보안 교육	보안 관리
기밀 문서	기술 유출 방지	보안이 철저하다	보안이 취약하다

- 우리 회사에 입사하면 **보안 서약서**를 쓰고 영업 비밀을 지켜야 합니다.
- 이 서류는 **보안 유지**가 중요합니다.
- 신입 사원은 꼭 **보안 교육**을 받아야 해요.
- 우리 부서는 **보안 관리**를 가장 중요하게 생각합니다.
- **기밀 문서**를 보고 싶으면 주임님에게 먼저 물어봐야 해요.
- 우리 회사는 **기술 유출 방지**를 위해 보안 관리를 엄격하게 합니다.
- 그 은행은 **보안이 철저해서** 걱정이 없어요.
- 인터넷 **보안이 취약해서** 개인 정보가 유출되었어요.

- 엄격하게
- 개인 정보
- 유출되다

어휘 2

규정

복무 규정	복장 규정	보안 규정	인사 규정	규정집
규정을 강화하다	규정을 완화하다	규정을 따르다 / 준수하다	규정을 어기다 / 위반하다	규정이 엄격하다

- **복무 규정**을 잘 지키시기 바랍니다.
- 유니폼을 받고 **복장 규정**을 확인했습니다.
- **보안 규정**을 잘 몰라서 실수했어요.
- **인사 규정**을 보면 우리 회사의 직급을 알 수 있어요.
- **규정집**에서 회사의 규정을 찾아보세요.
- 보안 유지를 해야 해서 보안 **규정을 강화했어요**.
- 자유로운 분위기로 바꾸고 싶어서 **규정을 완화했어요**.
- 회사의 **규정을 잘 따르면** 안전하게 작업할 수 있습니다.
- **규정을 위반한** 직원들은 사유서를 썼습니다.
- **규정이 엄격하지만** 꼭 지켜야 해요.

- 유니폼
- 자유롭다
- 분위기
- 안전하다
- 사유서

어휘 연습

1. [보기]에서 알맞은 말을 골라 다음 문장을 완성하세요.

[보기] 서약서 관리 교육 철저 유출

(1) 보안 ________ 을/를 쓰고 보안 유지를 위해 노력하세요.

(2) 새로운 보안 시스템이 있는데 보안이 아주 ________ 해서 좋아요.

(3) 우리 부서는 보안을 잘 지켜야 해서 보안 ________ 이/가 중요합니다.

(4) 1층 강당에서 신입 사원을 위해 준비한 보안 ________ 이/가 있습니다.

(5) 보안 유지를 위해서 기술 ________ 을 방지하려는 노력이 필요해요.

2. [보기]에서 알맞은 말을 골라 다음 문장을 완성하세요.

[보기] 어기다 준수하다 엄격하다 완화하다 강화하다

작년에 우리 회사는 복장 규정이 아주 (1) ________.
회사에서 항상 긴 옷을 입어야 했습니다. 하지만 너무 날씨가 너무 더워서 규정을 (2) ________ 않는 사람들이 많았습니다.
그래서 올해는 회사에서 복장 규정을 (3) ________ 서 짧은 옷도 입을 수 있습니다.
그래서 올해는 복장 규정을 (4) ________ 는 사람들이 없습니다.

문법1

-(으)려고 하다

(동사에 붙어) 앞의 말이 나타내는 행동을 할 의도나 의향이 있음을 나타내는 표현이다. 또한 주어가 어떤 의도나 목적을 가지고 뒤 절의 행위를 하는지에 대해 말할 때 사용한다.

(Gắn với động từ) Là cấu trúc thể hiện ý đồ hay dự định sẽ làm hành động trong lời nói ở phía trước. Đồng thời được sử dụng khi nói về việc chủ ngữ lấy ý đồ hay mục đích nào đó để thực hiện hành vi ở vế sau.

- 가: 비품실에 가려고 하는데 혹시 필요한 거 있어요?
  나: 네. 휴지가 필요해요.
- 가: 그건 뭐 하려고 가지고 왔어요?
  나: 다른 직원에게 좀 보여 주려고 해요.
- 이 대리는 그 많은 음식을 혼자 다 먹으려고 해요.
- 약속에 가려고 했지만 너무 아파서 갈 수 없었어요.

받침 ○	-으려고 하다	먹으려고 하다, *걸으려고 하다, *도우려고 하다
받침 ×	-려고 하다	가려고 하다, 쉬려고 하다, 부르려고 하다 살려고 하다, 놀려고 하다
ㄹ 받침		

★ 과거 '-었-'이나, 미래·추측을 나타내는 '-겠-'과 결합할 수 없다.

Không thể kết hợp giữa thì quá khứ '-었' với thì tương lai hay dự đoán '-겠'.

- 어제 나는 일했으려고 했어요. (×)
  어제 나는 일하려고 했어요. (○)

★ '-(으)려고' 뒤에 동사가 연결되면 앞 절이 뒤 절의 의도나 목적이 됨을 의미한다.

Nếu động từ được kết hợp vào sau '-(으)려고' thì vế trước trở thành ý đồ hay mục đích của vế sau.

- 우리 회사 동료들과 같이 먹으려고 빵을 샀어요.

문법 연습1

1. [보기]와 같이 쓰세요.

[보기] 5시 / 복사하다 → 다섯 시에 복사하려고 해요.

(1) 이따가 / 보고서 / 쓰다

→ ______________________.

(2) 휴일 / 어제 받은 책 / 읽다

→ ______________________.

(3) 버스 / 음악 / 듣다

→ ______________________.

(4) 휴게실 / 커피 / 마시다

→ ______________________.

2. [보기]와 같이 대화를 완성하세요.

[보기] 가: 이번 주 토요일에 바빠요?
나: 네. 가족들하고 공원에 가려고 해요.

(1) 가: 이따가 약속이 있어요?

나: 네. 친구를 ______________________.

(2) 가: 오늘 회의가 있어요?.

나: 네. 지금 ______________________.

(3) 가: 오늘 퇴근 후에 뭘 해요?

나: ______________________.

(4) 가: 내일 뭘 할 거예요?

나: ______________________.

문법2

-(으)니까[1]

(동사나 형용사, '이다, 아니다'에 붙어) 앞 절이 뒤 절에 대한 이유나 원인, 판단의 근거임을 나타낸다. 앞 절에 나타난 이유나 원인으로 인해 뒤 절에 그에 따른 결과나 판단이 나오게 될 때 사용한다.

(Gắn vào động từ hoặc tính từ, ' là (이다), không phải là (아니다)') Sử dụng khi vế trước trở thành lý do, nguyên nhân hoặc căn cứ để phán đoán của vế sau.Được dung khi muốn nói vì lý do hay nguyên nhân xuất hiện ở vế trước mà dẫn đến kết quả hay phán đoán khác với điều đó ở vế sau.

- 가: 토요일에 만날까요?
  나: 토요일은 바쁘니까 일요일에 만나요.
- 가: 뭘 그렇게 열심히 읽어요?
  나: 제가 모르는 게 많으니까 업무 매뉴얼을 좀 읽고 있어요.
- 비행기가 빠르니까 비행기로 갑시다.
- 1시간 전에 출발했으니까 곧 도착할 거예요.

받침 ○	-으니까	가니까, 주니까, 크니까, 예쁘니까 *들으니까, *걸으니까, *매우니까
받침 × ㄹ 받침	-니까	먹으니까, 작으니까, 재미있으니까, 없으니까 사니까, 만드니까, 기니까, 머니까
이다	이니까 니까	직원이니까, 사원이니까 회사니까, 친구니까
아니다	아니니까	한국인이 아니니까

★ '-(으)니까' 뒤에 모든 문장의 형태가 올 수 있으나 명령문이나 청유문의 형태가 자주 쓰인다.

sau '-(으)니까' có thể dùng tất cả các loại câu, câu mệnh lệnh hay câu khuyên nhủ cũng thường xuyên được sử dụng.

- 여기가 너무 어두우니까 불을 켜 주세요.
- 다리가 아프니까 좀 쉴까요?

문법 연습2

1. [보기]와 같이 쓰세요.

[보기]	위험해요. •	• 조심하세요.
	(1) 길이 막혀요. •	• 고쳐야 해요.
	(2) 너무 어두워요. •	• 걸어서 갈까요?
	(3) 복사 용지가 없어요. •	• 불을 켜 주세요.
	(4) 컴퓨터가 고장났어요. •	• 총무팀에 신청하세요.

[보기] 위험하니까 조심하세요.

(1) ______________________.

(2) ______________________.

(3) ______________________.

(4) ______________________.

2. [보기]와 같이 대화를 완성하세요.

[보기] 가: 문을 열까요?
나: 네, 냄새가 좀 나니까 문을 열어 주세요.

(1) 가: 우산이 필요해요?
나: 네. 지금 밖에 비가 __________ 우산이 있어야 해요.

(2) 가: 불을 켤까요?
나: 네. __________ 불을 켜 주세요.

(3) 가: __________ 잠깐 쉬는 게 어때요?
나: 괜찮아요. 이것만 끝나면 쉴 수 있어요

대화

투 안: 과장님, 여기 사유서에 서명 좀 부탁드립니다.

과 장: 보안 위반 사유서? 무슨 일이 있었어요?

투 안: 제가 어제 컴퓨터를 끄지 않고 퇴근했습니다.

과 장: 저런, 투안 씨. 우리 회사는 보안을 매우 엄격하게 관리하니까 조심해야 돼요.

투 안: 죄송합니다. 어제 퇴근하려고 할 때 급한 연락이 와서 컴퓨터 끄는 걸 잊어버렸습니다.

과 장: 이런 일로 벌점이 쌓이면 인사고과에서 좋은 점수를 받을 수 없으니까 항상 신경 쓰세요.

- 사유서
- 서명
- 저런
- 연락이 오다
- 벌점
- 쌓이다
- 신경(을) 쓰다
- 좀 부탁드립니다

- 벌점[벌쩜]
- 쌓이면[싸이면]

• 투안 씨는 왜 과장님을 만나러 왔습니까?

• 투안 씨는 어제 왜 컴퓨터를 끄지 않았습니까?

08 한번 생각해 볼게요

1 사람들이 무엇을 하고 있습니까?

2 여러분 회사에는 어떤 동호회가 있습니까?

학습 목표

- 제안과 의지를 나타내는 표현을 사용할 수 있다.
- 회사에서의 여러 활동에 대해 이해하고 표현할 수 있다.

어휘: 직장 행사, 동호회 활동

문법: -(으)ㄹ래요, -(으)ㄹ게요

어휘 1

직장 행사

단합 대회	장기 자랑	야유회	워크숍
바자회	송년회	환영회	송별회

- 오늘 오후에 우리 회사 **단합 대회**가 있습니다.
- 이번 **장기 자랑**에서는 베트남 노래를 부른 기태 씨가 상을 받았습니다.
- 공원에서 **야유회**를 하니까 기분이 참 좋네요.
- 이번 **워크숍**은 1박 2일 동안 호찌민에 갑니다.
- 매년 11월에는 **바자회**를 해서 어려운 이웃을 돕습니다.
- 올해 **송년회**는 12월 27일 '코리안 바비큐'에서 합니다.
- 오늘 밤에 신입 사원들과 함께하는 신입 사원 **환영회**가 있습니다.
- 우리 팀 투안 씨가 영업팀으로 전근을 가서 **송별회**를 했습니다.

어휘 2

동호회 활동

가입	탈퇴	지원금
홍보	선정	신설

- 저는 지난주에 봉사활동 동호회에 **가입**했습니다.
- 다른 지역으로 전근을 가서 동호회를 **탈퇴**했습니다.
- 회사에서는 동호회 활성화를 위해 **지원금**을 줍니다.
- 내일부터 신입 사원을 대상으로 동호회 **홍보**를 시작하려고 합니다.
- 이번에 우리 동호회가 우수 동호회로 **선정**되었습니다.
- 우리는 내년부터 합창 동호회를 **신설**하려고 합니다.

- 봉사활동
- 활성화
- 우수
- 합창

어휘 연습

1. [보기]와 같이 연결하세요.

[보기]

야외에 나가서 즐겁게 노는 모임 •		• 송년회
(1) 다른 사람을 도우려고 여는 시장 •		• 장기 자랑
(2) 새로 온 사람을 맞이하는 모임 •		• 야유회
(3) 한해의 마지막을 보내며 하는 모임 •		• 바자회
(4) 노래나 춤 등 잘하는 것을 보여주는 행사 •		• 환영회

2. [보기]에서 알맞은 말을 골라 다음 문장을 완성하세요.

[보기] 가입 신설 홍보 지원금

(1) 신입 사원들에게 우리 동호회의 좋은 점을 ________ 했습니다.

(2) 다음 주 금요일까지 등산 동호회 ________ 신청을 받습니다.

(3) 회사에서 받은 동호회 ________ 로/으로 축구 유니폼을 맞추려고 합니다.

(4) 이번에 처음으로 ________ 된 컴퓨터 게임 동호회에서 회원을 모집합니다.

문법1

-(으)ㄹ래요

(동사에 붙어) 말하는 사람이 듣는 사람에게 그 사람의 생각이나 의향을 듣기 위해 물어보거나 말하는 사람이 자신의 의향을 말할 때 사용한다.

(Gắn vào động từ) Được sử dụng khi người nói muốn nói ý định của bản thân hoặc hỏi thử để nghe suy nghĩ hoặc ý định của người nghe.

- 가: 여기에 앉을래요?
  나: 아니요, 괜찮아요.
- 가: 케이팝 콘서트에 같이 갈래요?
  나: 좋아요. 콘서트가 언제예요?
- 가: 뭐 먹을래요?
  나: 저는 불고기를 먹을래요.

받침 ○	-을래요	먹을래요, 읽을래요, 있을래요, 앉을래요, *들을래요, *걸을래요
받침 × / ㄹ 받침	-ㄹ래요	갈래요, 올래요, 줄래요, 일할래요, *만들래요, *살래요

★ 주로 격식을 차리지 않는 상황에서 사용한다. 글을 쓸 때보다 말을 할 때 많이 사용하며, 일반적으로 친구 사이나 아주 친한 사이에서, 또는 아랫사람에게 사용한다. 자기보다 나이가 많거나 지위가 높은 사람에게는 사용할 수 없다. 그러나 말하는 사람과 듣는 사람이 친분이 있을 경우에는 높임말의 형태인 '-(으)실래요?'의 형태로 바꾸면 사용할 수도 있다.

Chủ yếu sử dụng trong tình huống không cần nghi thức. Được dùng nhiều trong văn nói hơn là văn viết. Thường dùng trong mối quan hệ bạn bè hoặc bạn thân hay dùng cho người dưới. Không được dùng với đối tượng là người nhiều tuổi hơn hoặc người có địa vị cao hơn mình. Tuy nhiên, trong trường hợp nếu người nói và người nghe có mối quan hệ thâm giao ta có thể đổi sang hình thức kính ngữ của nó là '-(으)실래요?' để dùng.

문법 연습1

1. [보기]와 같이 쓰세요.

[보기] 주말, 산책하다 → 주말에 같이 산책할래요?

(1) 투안 씨 집 / 음식을 만들다

→ ____________________?

(2) 토요일 / 배드민턴 동호회에 가다

→ ____________________?

(3) 이 원피스 / 입다

→ ____________________?

(4) 장기 자랑 / 나가다

→ ____________________?

2. [보기]와 같이 대화를 완성하세요.

[보기]

가: 내일 같이 영화 볼래요?

나: 미안해요. 내일은 약속이 있어요.

(1) 

가: ____________________.

나: 저는 테니스를 별로 안 좋아해요.

(2) 

가: ____________________.

나: 좋아요. 저도 커피 마시고 싶었어요.

(3) 

가: 뭘 먹을래요?

나: 저는 ____________________.

(4) 

가: 퇴근 후에 노래방에 ____________________?

나: 오늘은 집에서 ____________________.

문법2

-(으)ㄹ게요

(동사에 붙어) 말하는 사람이 미래의 어떤 일을 하겠다는 뜻이나 의지를 나타낸다. 또한 약속을 할 때 사용한다.

(Gắn vào động từ) Sử dụng khi nói rằng người nói sẽ làm việc gì đó trong tương lai. Ngoài ra, cấu trúc này còn được sử dụng khi thực hiện một điều hứa hẹn nào đó.

- 가: 누가 인사팀에 다녀올래요?
  나: 제가 다녀올게요.
- 가: 내일 약속에 늦지 마세요.
  나: 네. 일찍 갈게요.
- 가: 우리 팀 주소록이 없네요.
  나: 그럼 제가 만들게요.

받침 ○	-을게요	먹을게요, 읽을게요, 있을게요, 앉을게요, *들을게요 *걸을게요
받침 × ㄹ 받침	-ㄹ게요	갈게요, 올게요, 줄게요, 일할게요, *만들게요, *살게요

★ '-을게'는 의지나 약속을 나타내므로, '나'가 아닌 다른 사람(2, 3인칭)의 의지를 나타낼 때 사용할 수 없다.

'-을게' cho thấy ý chí hoặc sự hứa hẹn, không được sử dụng khi thể hiện ý chí của người khác (ngôi 2, 3) mà không phải là 'tôi'.

- 저는 먼저 잘게요. (○) / 너는 먼저 잘게요. (×) / 수지 씨가 먼저 잘게요. (×)
- 제가 커피를 살게요. (○) / 네가 커피를 살게요. (×) / 영수 씨가 커피를 살게요. (×)

★ 의문문에는 사용할 수 없으며 평서문에만 사용한다.

Không được sử dụng trong câu hỏi, chỉ được sử dụng trong câu trần thuật.

- 제가 다른 사람에게 말할게요? (×) / 저희가 먼저 갈게요? (×)
- 제가 그 가방을 찾을게요? (×) / 우리가 돈을 낼게요? (×)

문법 연습2

1. [보기]와 같이 쓰세요.

[보기] 지금 조금 바빠요. 나중에 전화할게요. (전화하다)

(1) 그건 제가 ____________________. (먹다)

(2) 제가 전화 ____________________. (받다)

(3) 영업팀에 제가 이메일을 ____________________. (보내다)

(4) 신입 사원 주소록은 제가 ____________________. (만들다)

(5) 늦어서 죄송해요. 내일은 일찍 ____________________. (오다)

2. [보기]와 같이 대화를 완성하세요.

[보기] 가: 제가 커피 살게요.
나: 프엉 씨가 밥을 샀으니까 커피는 제가 살게요.

(1) 가: 우리 동호회 가입 신청은 누가 받아요?
나: ____.

(2) 가: 누가 창고에 갔다 올래요?
나: ____.

(3) 가: 요즘 일이 너무 많아요.
나: ____.

(4) 가: 베트남어를 배우고 싶어요.
나: ____.

대화

태 수: 프엉 씨, 사내 게시판 봤는데 금요일까지 장기 자랑 대회 참가 신청을 받고 있어요.

프 엉: 네. 저도 봤어요.

태 수: 저하고 같이 나가 볼래요? 프엉 씨 노래 잘하잖아요.

프 엉: 아니에요. 전 사람들이 많으면 부끄러워서 노래를 못 불러요.

태 수: 요즘 인기 있는 텔레비전 프로그램처럼 가면을 쓰고 나가는 건 어때요? 제가 옆에서 춤을 출게요.

프 엉: 음…. 한 번 생각해 볼게요.

- 사내 게시판
- 신청을 받다
- 잘하잖아요
- 부끄럽다
- 처럼

- 장기 자랑[장끼 자랑]
- 같이[가치]
- 인기 있는[인끼 인는]
- 출게요[출께요]

- 태수 씨는 프엉 씨에게 무엇을 제안했습니까?
- 프엉 씨는 뭐라고 대답했습니까?

09 유니폼으로 빨간색이 좋겠어요

1. 사람들이 무슨 옷을 입고 있습니까?
2. 옷과 신발의 색이 어떻습니까?
3. 여러분하고 비슷한 옷을 입은 사람이 있습니까?

학습 목표

- 상황에 맞는 옷차림이 어떤지 표현할 수 있다.
- 주어진 대상을 비교하고 선택하여 표현할 수 있다.

어휘: 옷차림, 색상

문법: 보다 (더), (으)로

어휘 1

옷차림

입다

쓰다

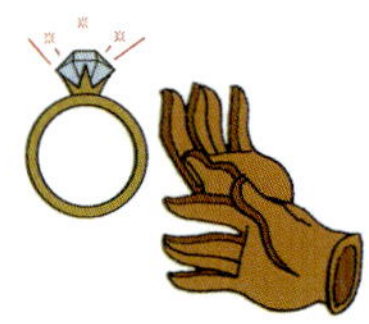

끼다

신다

메다

매다

차다

벗다

- 회사에서는 **옷**을 단정하게 **입어야 합니다**.
- 햇볕이 강하니까 **모자나 선글라스를 쓰세요**.
- 무거운 **가방을 메고** 다녀서 어깨가 아픕니다.
- 출장을 갈 때는 정장을 입고 **넥타이를 매세요** .
- **장갑을 껴서** 별로 춥지 않습니다.
- 일할 때는 편한 **신발을 신는** 것이 좋습니다.
- 김 부장님은 항상 손목에 **시계를 차고** 다닙니다.
- 탈의실에서 **옷을 벗고** 작업복으로 갈아입으세요.

- 속옷
- 티셔츠
- 셔츠
- 와이셔츠
- 블라우스
- 스커트
- 겉옷
- 외투
- 잠바(점퍼)
- 코트
- 정장
- 캐주얼
- 양복

- 교복
- 군복
- 작업복
- 단체복
- 운동복
- 수영복
- 유니폼

어휘 2

색상

빨간색

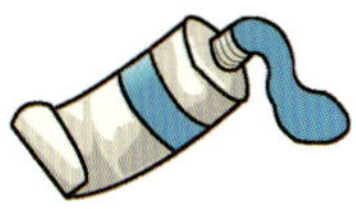
파란색

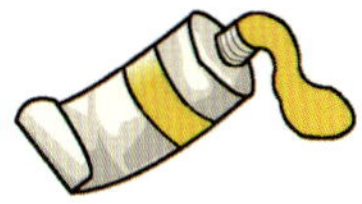
노란색

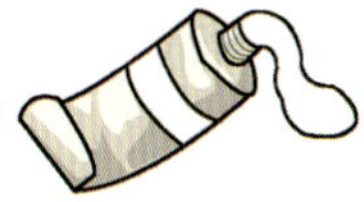
흰색
=하얀색

검은색
=까만색

분홍색

초록색
=녹색

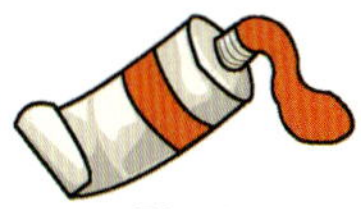
주황색

갈색

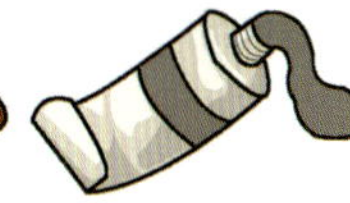
회색

보라색

남색

ㅎ불규칙

어간	어미		변화	예문
ㅎ 받침	-어/어	→	ㅎ 탈락, -애	파랗-+-아요→ 파래요
	-으		ㅎ 탈락	파랗-+-은 → 파란

• 바다가 파래요.

• 하얀 모자가 더 잘 어울려요.

단어	-어요/아요	-(으)ㄴ
빨갛다		
파랗다	파래요	
노랗다		노란 꽃
까맣다		
하얗다		하얀 구름
그렇다		
어떻다	어때요	

어휘 연습

1. 그림에 알맞은 단어를 쓰세요.

남자는 하얀색 셔츠를 입고 있어요.

넥타이를 (1) ________________. 남색 바지를 (2) ________________.

여자는 안경을 (3) ________________.

높은 구두를 (4) ________________.

2. 빈칸에 알맞은 색깔을 써서 다음 문장을 완성하세요.

(1) 저는 ________ 색을 좋아합니다.

(2) 여기 ________ 칠판을 보세요.

(3) ________ 모자가 멋있습니다.

(4) 바다하고 하늘이 ________________.

문법1

보다 (더)

(명사에 붙어) 앞의 말이 비교의 기준이 되는 대상임을 나타낼 때 사용한다.
(Gắn với động từ) Sử dụng khi lời nói ở phía trước là đối tượng chuẩn để so sánh.

- 가: 뭐가 더 싸요?
  나: 바나나가 사과보다 싸요.
- 가: 저 노란 모자 어때요?
  나: 노란색보다 파란색이 더 예뻐요.
- 버스보다 택시가 빠를 거예요.
- 저는 물보다 커피를 자주 마셔요.

받침 ○	보다	아침보다, 책상보다, 신입 사원보다
받침 ×		친구보다, 커피보다, 달리기보다

★ 'A이/가 B보다 ~' = 'B보다 A이/가 ~'

- 호찌민이 하노이보다 더워요. = 하노이보다 호찌민이 더워요.
- 비행기가 기차보다 빨라요. = 기차보다 비행기가 빨라요.

★ '보다' 앞에는 명사가 오므로 동사는 명사형으로 바꾼다.

Vì trước '보다' có danh từ nên động từ đổi thành danh từ

- 집에서 먹는 게 가서 먹는 것보다 편합니다.

★ 보다 (덜)…

'덜'은 '어떤 기준이나 정도가 약하게 또는 그 이하로'라는 뜻을 가지어 '더'와 의미가 반대된다.
Từ '덜' có ý nghĩa là 'dưới hoặc mức độ ít hơn một tiêu chuẩn nào đó', nó trái nghĩa với từ '더'.

- 가: 오늘은 어제보다 덜 추워요.
  나: 맞아요. 어제는 정말 추웠어요.

문법 연습1

1. [보기]와 같이 쓰세요.

[보기] 서울 > 하노이, 춥다 → 서울이 하노이보다 추워요.

(1) 구두 > 운동화, 비싸다

→ ______________________.

(2) 옛날 영화 > 요즘 영화, 재미있다

→ ______________________.

(3) 작년 < 올해, 환율이 오르다

→ ______________________.

(4) 책을 읽다 < 책을 사다, 좋아하다

→ ______________________.

(5) 돈을 벌다 < 돈을 쓰다, 쉽다

→ ______________________.

2. [보기]와 같이 대화를 완성하세요.

[보기] 가: 원유 가격이 어떻습니까?
나: 지난해보다 10% 더 올랐습니다.

(1) 가: 호찌민하고 하노이는 날씨가 어떻게 달라요?

나: ______________________.

(2) 가: 영어하고 한국어 중에서 뭐가 더 어려워요?

나: ______________________.

(3) 가: 투안 씨, 계산기 없어요? 왜 손으로 계산하고 있어요?

나: ______________________.

문법2

(으)로

(명사에 붙어) 신분이나 자격을 나타낸다.
(Gắn vào danh từ) Thể hiện thân phận hoặc tư cách.

- 가: 아버지 생일 선물로 뭐가 좋을까요?
  나: 꽃하고 지갑이 어때요?
- 가: 휴가 때 서울에 갔다 왔어요?
  나: 네. 기념품으로 한복을 사 왔어요.
- 이번 행사에 도우미로 지원했습니다.
- 저는 우리 강아지를 가족으로 생각하고 있어요.

받침 ○	으로	점심으로, 기념품으로, 여행으로
받침 x ㄹ 받침	로	친구로, 대표로, 지원자로, 선물로, 준비물로

★ '(으)로' 여러 의미로 사용되며, 자주 사용하는 '(으)로'를 정리하면 아래와 같다.
'(으)로' được sử dụng với nhiều ý nghĩa, '(으)로' chủ yếu được dùng với các ý nghĩa như sau.

(1) 방향 chỉ phương hướng
- 엘리베이터를 타고 10층으로 올라가서 오른쪽으로 가세요.

(2) 방법 chỉ phương pháp
- 회사까지 버스로 왔어요.
- 국수를 포크로 먹었어요.

(3) 재료 chỉ nguyên liệu
- 두부는 콩으로 만듭니다.

(4) 변화의 결과 chỉ kết quả của sự thay đổi
- 시험에 통과하면 과장으로 승진합니다.

(5) 원인, 이유 chỉ nguyên nhân, lý do
- 감기로 출근을 못했습니다.

문법 연습2

1. [보기]와 같이 쓰세요.

[보기] 명절 선물 / 전통차 → 명절 선물로 전통차를 받았어요.

(1) 입학 선물 / 가방

→ ______________________________.

(2) 부모님 선물 / 인삼

→ ______________________________.

(3) 가족 여행 / 달랏

→ ______________________________.

(4) 신혼여행 / 하와이

→ ______________________________.

2. [보기]에서 알맞은 말을 골라 다음 문장을 완성하세요.

[보기] 선물 여행 술안주 응원 노래

(1) 가: 이번 목요일이 유미 씨 생일이에요. __________ 뭐가 좋을까요?

나: 유미 씨가 운동을 좋아하니까 운동화는 어때요?

(2) 가: 체육대회 __________ 뭘 부를까요?

나: 이번에는 응원가를 직접 만들어 보는 게 어때요?

(3) 가: 졸업 __________ 어디에 가고 싶어요?

나: ______________________________.

(4) 가: __________ 뭘 시킬까요?

나: 맥주에는 __________ 제일이지요.

대화

유 미: 이번 배드민턴 대회 유니폼으로 파란색이 어때요?

투 안: 파란색보다 빨간색이 더 낫지 않을까요? 다른 팀원들에게도 물어보고 결정하는 게 좋겠어요.

유 미: 그렇게 해요. 그런데 우리 팀이 이번에 우승할 수 있을까요?

투 안: 그럼요. 열심히 훈련했으니까 결과도 좋을 거예요.

유 미: 하긴 그동안 우리 모두 최선을 다했잖아요.

투 안: 우리 회사의 우승을 위해 마지막까지 힘내요. 아자!

- 배드민턴
- 낫다
- 우승하다
- 훈련하다
- 결과가 좋다
- 하긴
- 최선을 다하다
- -잖아요

- 결정[결쩡]

- 두 사람은 무엇을 고민하고 있어요?
- 두 사람은 무엇을 준비하고 있어요?

10 비가 많이 오고 바람도 심하게 불어요

1. 사람들이 무엇을 하고 있습니까?
2. 지금 날씨가 어떻습니까?
3. 여러분은 어떤 날씨를 좋아합니까?

학습 목표

- 날씨에 대해 이야기할 때 사용하는 문법과 어휘를 사용할 수 있다.
- 회사 사람들과 날씨에 대해 함께 이야기를 할 수 있다.

어휘: 계절, 날씨

문법: -(으)ㄴ/는/(으)ㄹ 것 같다, -어지다/아지다

어휘 1

계절

봄

여름

가을

겨울

건기

우기

- 한국은 3월부터 5월까지 **봄**입니다.
- **여름**은 날씨가 덥습니다. 그래서 사람들이 바다에 갑니다.
- 한국은 **가을**에 단풍이 듭니다. 그래서 단풍을 직접 보고 싶습니다.
- **겨울**에는 눈이 옵니다. 친구들과 눈사람을 만들고 눈싸움을 합니다.
- **건기**에는 비가 잘 오지 않습니다. 여행하기에 좋습니다.
- 베트남은 5월부터 10월까지 **우기**입니다. 비가 많이 옵니다.

- 단풍
- (단풍)이 들다
- 눈사람
- 눈싸움

어휘 2

날씨

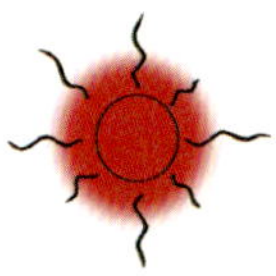

맑다
따뜻하다
덥다
무덥다

흐리다
구름이 끼다
안개가 끼다
먹구름

바람이 불다
시원하다
쌀쌀하다
춥다

비가 오다
비가 내리다
비가 그치다
소나기 / 폭우 / 장마

번개가 치다
천둥이 치다
천둥 번개가 치다

눈이 오다
눈이 내리다
눈이 그치다
함박눈 / 폭설

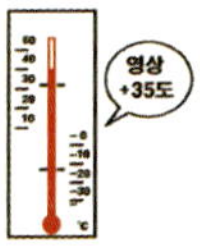

영상
기온이 높다

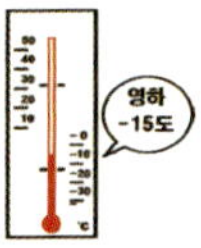

영하
기온이 낮다

일기예보
기상 캐스터

- 오늘은 **기온이 높아서** 날씨가 **덥습니다**.
- 오전에는 **구름이 껴서** 날씨가 흐리고 오후에는 **비가 옵니다**.
- 어제는 **바람이 많이 불고 쌀쌀했습니다**.
- 오전에 **내리는 비**는 오후에 **그치겠습니다**.
- 아침마다 **일기예보**를 봅니다. 오늘 밤에는 **눈이 옵니다**.
- **천둥 번개가 치고 폭우**가 쏟아지는 곳도 있습니다.
- 오늘 아침 기온은 **영하** 3도로 **춥습니다**. 낮에는 **영상**으로 기온이 오릅니다.

- 그치겠습니다
- 쏟아지다
- 기온이 오르다

어휘 연습

1. [보기]와 같이 연결하세요.

[보기] 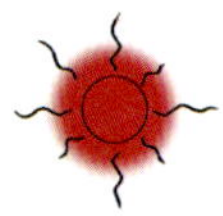 • —— • 맑다

(1)  • • 눈이 오다

(2)  • • 맑다

(3)  • • 바람이 불다

(4)  • • 흐리다

(5)  • • 천둥 번개가 치다

• 비가 오다

2. [보기]에서 알맞은 말을 골라 다음 문장을 완성하세요.

[보기] 건기 우기 그치다 끼다 무덥다

(1) 베트남은 11월부터 4월까지 ______________.

(2) ______________ 에는 비가 많이 옵니다.

(3) 오전에 내리는 비는 오후에 ______________.

(4) 안개가 잔뜩 ______________ 앞이 잘 안 보입니다.

(5) 한국의 여름은 덥고 습도가 높아서 ______________.

문법1

-(으)ㄴ/는/(으)ㄹ 것 같다

(동사나 형용사, '이다, 아니다'에 붙어) 말하는 사람이 어떤 일에 대해 추측함을 나타낸다. 여러 상황으로 미루어 추측하는 말을 할 때 주로 사용한다.

(Gắn vào động từ hoặc tính từ , 'là (이다), không phải là (아니다)') Sử dụng khi người nói dự đoán về một việc nào đó. Chủ yếu được sử dụng khi dự đoán nhiều tình huống.

- 가: 밖에 비가 오는 것 같아요.
  나: 네. 요즘 날씨가 안 좋은 것 같아요.
- 가: 이 영화를 보는 사람이 많네요.
  나: 그럼 이 영화 볼까요? 재미있을 것 같아요.
- 투안 씨는 먼저 간 것 같아요.
- 짱 씨는 밥을 먹은 것 같아요.

<table>
<tr><td rowspan="5">현재</td><td rowspan="2">동사</td><td>받침 ○</td><td rowspan="2">-는 것 같다</td><td rowspan="2">먹는 것 같다, 읽는 것 같다,
있는 것 같다, *노는 것 같다</td></tr>
<tr><td>받침 ×</td></tr>
<tr><td rowspan="3">형용사</td><td>받침 ○</td><td>-은 것 같다</td><td>좋은 것 같다, 높은 것 같다,
*더운 것 같다, *그런 것 같다</td></tr>
<tr><td>받침 ×</td><td rowspan="2">-ㄴ 것 같다</td><td rowspan="2">예쁜 것 같다, 아픈 것 같다,
슬픈 것 같다, *먼 것 같다</td></tr>
<tr><td>ㄹ 받침</td></tr>
<tr><td rowspan="3">과거</td><td rowspan="3">동사</td><td>받침 ○</td><td>-은 것 같다</td><td>먹은 것 같다, 읽은 것 같다,
잡은 것 같다, *들은 것 같다</td></tr>
<tr><td>받침 ×</td><td rowspan="2">-ㄴ 것 같다</td><td rowspan="2">간 것 같다, 온 것 같다,
*만든 것 같다, *논 것 같다</td></tr>
<tr><td>ㄹ 받침</td></tr>
<tr><td rowspan="3">미래</td><td rowspan="3">동사
형용사</td><td>받침 ○</td><td>-을 것 같다</td><td>먹을 것 같다, 좋을 것 같다,
*들을 것 같다, *더울 것 같다</td></tr>
<tr><td>받침 ×</td><td rowspan="2">-ㄹ 것 같다</td><td rowspan="2">갈 것 같다, 예쁠 것 같다,
아플 것 같다, 만들 것 같다</td></tr>
<tr><td>ㄹ 받침</td></tr>
</table>

★ '-었/았을 것 같다'의 형태로 과거에 대한 추측을 나타내기도 한다. 과거 추측인 '-(으)ㄴ 것 같다'는 동사와만 결합하는 데 비해, '-었/았을 것 같다'는 동사, 형용사와 모두 결합한다.

với '-었/았을 것 같다' còn cho thấy sự dự đoán về quá khứ.
Khác với cấu trúc dự đoán về quá khứ '-(으)ㄴ 것 같다' chỉ kết hợp với động từ thì cấu trúc '-었/았을 것 같다' có thể kết hợp cả với động từ hoặc tính từ.

- 투안은 예전에 많이 먹었을 것 같다.
- 프엉은 어렸을 때 예뻤을 것 같다. 그리고 착했을 것 같다.

문법 연습1

1. [보기]와 같이 쓰세요.

[보기] 투안, 아까 / 밥을 많이 먹다 → 투안이 아까 밥을 먹은 것 같아요.

(1) 프엉 씨, 요즘 / 일이 많다

→ ______________________________.

(2) 내일, 하노이 / 비가 오다

→ ______________________________.

(3) 투안, 지금 / 재고를 확인하다

→ ______________________________.

(4) 지난 주, 김 대리 / 그 이야기를 듣다

→ ______________________________.

2. [보기]와 같이 대화를 완성하세요.

[보기]

가: 하늘이 흐리네요. 구름도 많고요.

나: 이따가 비가 올 것 같아요.

(1)

가: 프엉 씨 못 봤어요?

나: 오전에 나갔어요. ______________________.

(2)

가: 프엉 씨가 전화를 안 받아요.

나: 아까 회의실에 갔어요. ______________________.

(3)

가: 프엉 씨가 자리에 없네요.

나: 네. 보건실에 갔어요. ______________________.

(4)

가: 떡볶이 먹어 봤어요?

나: 아니요. 드라마에서 봤는데 ______________________.

문법2

-어지다/아지다

(형용사에 붙어) 시간이 지남에 따라 조금씩 변화하여 어떤 상태가 되어가는 과정을 나타낸다.

(Gắn vào tính từ) Sử dụng khi thể hiện một sự vật hiện tượng nào đó đã thay đổi theo thời gian và đang trở thành trạng thái nào đó.

- 가: 오늘 기온이 높은 것 같아요
  나: 네. 날씨가 많이 더워졌어요.
- 가: 회사생활은 어때요?
  나: 적응해서 많이 편해졌어요.
- 베트남에 한국 회사가 많아졌어요.
- 베트남 시장이 점점 커지고 있습니다.

ㅏ, ㅗ	-아지다	작아지다, 많아지다, 높아지다, 좋아지다, *달라지다
ㅏ, ㅗ 이외	-어지다	길어지다, 적어지다, 커지다, 예뻐지다, *더워지다
-하다	-해지다	착해지다, 날씬해지다, 편해지다, 친절해지다

문법 연습2

1. [보기]와 같이 쓰세요.

[보기] 회사, 취직했다 / 바쁘다 → 회사에 취직하고 바빠졌어요.

(1) 어제보다, 날씨 / 춥다

→ ______________________.

(2) 사무실, 사람 / 많다

→ ______________________.

(3) 이사를 했다, 회사 / 멀다

→ ______________________.

(4) 시간이 지났다, 회사일 / 익숙하다

→ ______________________.

2. [보기]와 같이 대화를 완성하세요.

[보기] 가: 와, 여행하는 사람이 많아요.
나: 네. 요즘 여행객이 많아졌어요.

(1) 가: 여름이 다가오고 있네요.
나: 네. 날씨가 점점 ______________________.

(2) 가: 우리 제품이 인기가 좋은 것 같아요.
나: 네. 거래처에서 주문이 ______________________.

(3) 가: 요즘에 일이 너무 많은 것 같아요.
나: 네. 잠을 잘 못 자서 건강이 ______________________.

(4) 가: 두 사람 사이가 좋은 것 같아요.
나: 네. 처음엔 어색했는데 이제 많이 ______________________.

대화

태 수: 프엉 씨, 아까부터 인터넷이 잘 안 되네요. 이상하다.

프 엉: 비가 와서 그런 것 같아요.

태 수: 와! 정말 비가 억수같이 내리네요. 바람도 많이 불고.

프 엉: 며칠 너무 더웠는데 좀 시원해질 것 같아요.

태 수: 저는 우산이 없는데 혹시 우산을 가지고 왔어요?

프 엉: 네. 저한테 두 개 있으니까 하나 빌려 줄게요.

- 억수같이
- 며칠
- 혹시
- 빌리다/빌려주다

- 억수같이[억쑤가치]

- 태수한테 무슨 문제가 생겼습니까?
- 지금 날씨가 어떻습니까?

11 무이네에 가기로 했어요

1. 그림을 보세요. 이 사람이 어디에 갑니까?
2. 여러분이 여행을 하고 싶은 곳은 어디입니까?
3. 왜 그곳에 가고 싶습니까?

학습 목표

- 장소를 나타내는 어휘를 사용하여 표현할 수 있다.
- 미래에 할 일이나 계획을 표현할 수 있다.

어휘: 장소의 특징, 장소의 묘사

문법: -기로 하다, -(으)ㄹ까 하다

어휘 1

장소의 특징

도시

시골

농촌

어촌

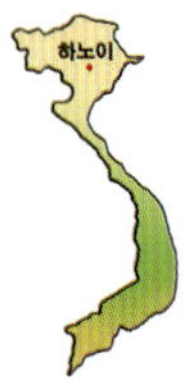

수도

교통

인구

위치

- **도시**에는 자동차와 사람이 많습니다. **시골**에는 나무가 많습니다.
- 제 고향은 **농촌**입니다. 부모님이 쌀, 사과 같은 농사를 짓습니다.
- **어촌**은 바다 근처에 있습니다.
  어촌 사람들은 수영을 잘하고 물고기를 잘 잡습니다.
- 한국의 **수도**는 서울입니다. 베트남의 **수도**는 하노이입니다.
- 서울은 **교통**이 복잡하지만 지하철과 버스가 많아서 편리합니다.
- 서울에는 천만 명 정도 삽니다. 하노이 **인구**는 약 팔백만 명입니다.
- 하노이의 **위치**는 베트남 북쪽, 송코이 강 오른쪽입니다.

농사를 짓다
편리하다

어휘 2

장소의 묘사

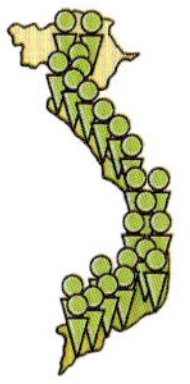
인구가 많다

복잡하다

발달하다

현대적이다

경치가 좋다

자연이 아름답다

오래되다

전통적이다

- 서울은 **인구**가 많고 **복잡한** 도시예요.
- 요즘 하노이는 빠르게 **발달하고** 있어요. 5년 전 모습하고 지금은 아주 달라요.
- 서울에 가면 높은 건물과 넓은 도로와 같은 **현대적인** 모습을 볼 수 있어요. 그리고 경복궁과 같은 **전통적인** 모습도 볼 수 있어요.
- 산에 올라가면 사진을 많이 찍고 싶을 거예요. **경치가 좋아요**.
- 다낭은 산과 바다가 예뻐요. **자연이 아름다워요**.
- 호찌민은 역사가 **오래된** 도시예요.

- …와/과 같은 …
- 경복궁
- 모습
- 역사

어휘 연습

1. 그림에 대한 설명으로 맞는 것을 고르세요. (답:)

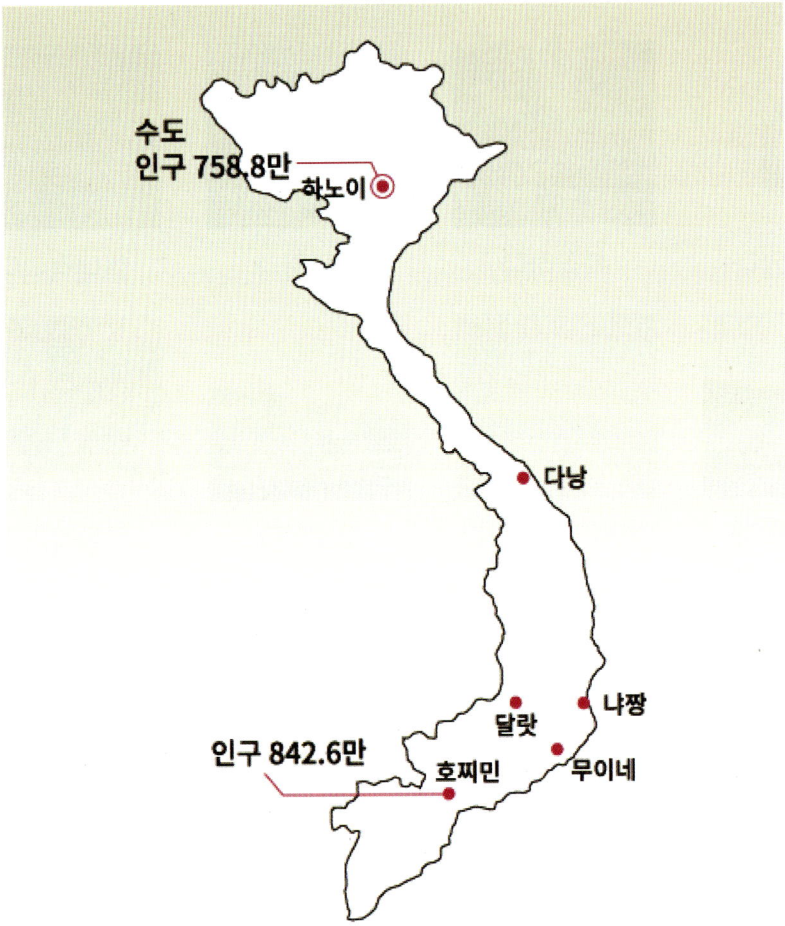

① 하노이는 남쪽에 있습니다.
② 호찌민은 베트남의 수도입니다.
③ 호찌민의 위치는 하노이 근처입니다.
④ 하노이보다 호찌민에 사람이 많습니다.

2. [보기]와 같이 관계있는 말을 연결하세요.

복잡하다

오래되다

시골

현대적이다

[보기]

전통적이다

인구가 많다

발달하다

자연이 아름답다

문법1

-기로 하다

(동사에 붙어) 어떤 행위에 대하여 그렇게 할 것을 계획하거나 결정함을 나타낸다. 상대와 약속을 할 때 또는 자신의 결심이나 결정을 이야기할 때 사용한다.

(Gắn vào động từ) Thể hiện kế hoạch hoặc quyết định sẽ làm hành động nào đó như thế nào. Dùng khi hứa hẹn với đối phương hoặc nói về quyết tâm hay quyết định của bản thân.

- 가: 이번 주 청소는 누가 하기로 했어요?
  나: 제가 하기로 했어요.
- 가: 거래처 박 과장님이 언제 오세요?
  나: 두 시에 회의실에서 뵙기로 했어요.
- 가: 어디에서 연습할까요?
  나: 운동장에서 만나기로 해요.
- 새해 계획을 세웠어요. 한국 친구를 사귀기로 했어요.
- 술을 안 마시기로 했습니다.

받침 ○	-기로 하다	찾기로 하다, 씻기로 하다, 먹기로 하다, 뵙기로 하다, 듣기로 하다, 만들기로 하다
받침 ×		오기로 하다, 마시기로 하다, 배우기로 하다, 쉬기로 하다, 자르기로 하다

★ 과거 '-었-'이 '-기'와 결합하지 않는다.

Đuôi chỉ thì quá khứ '-었' không kết hợp với '-기'.

- 운동을 열심히 했기로 했다. (×)
- 운동을 열심히 하기로 했다. (○)

문법 연습1

1. [보기]와 같이 쓰세요.

[보기]	일찍 일어나요. 결심했어요. → 일찍 일어나기로 했어요.

(1) 매일 운동해요. 계획했어요.

→ ______________________.

(2) 책을 빌려줄 거예요. 약속했어요.

→ ______________________.

(3) 제가 밥을 살 거예요. 친구한테 약속했어요.

→ ______________________.

(4) 담배를 안 피워요. 결심했어요.

→ ______________________.

2. [보기]와 같이 대화를 완성하세요.

[보기]
가: 회식은 어디에서 하기로 했어요?
나: 아직 안 정했어요. 점심시간에 정하기로 했어요.

(1) 가: 장기자랑에 나갈 거예요?

나: 네. 유미 씨하고 같이 ______________________.

(2) 가: 자료는 누가 준비할 거예요?

나: 제가 ______________________.

(3) 가: 주말에 영화 볼래요?

나: 동생하고 약속이 있어요. 다음에 같이 ______________________.

(4) 가: 휴가 때 뭐 할 거예요?

나: ______________________.

문법2

-(으)ㄹ까 하다

(동사에 붙어) 어떤 행위에 대해 확실하게 결정한 것은 아니지만 화자가 그 행위를 할 생각이 있음을 나타낸다. 확실성의 정도가 약한 의지를 나타낼 때 사용한다.

(Gắn vào động từ) Mặc dù không phải là quyết định rõ ràng về một hành vi nào đó nhưng nó thể hiện rằng người nói sẽ nghĩ về hành vi đó. Dùng khi muốn thể hiện ý có một chút chắc chắn.

- 가: 주말에 뭐 할 거예요?
  나: 글쎄요. 영화를 볼까 해요.
- 가: 뭐 먹을래요?
  나: 좀 바빠서 간단히 라면이나 먹을까 해요.
- 간식 좀 사 올까 하는데 어때요?
- 버스가 안 와서 걸어갈까 했어요. 그런데 그때 버스가 왔어요.

받침 ○	-을까 하다	먹을까 해요, 잡을까 해요, 앉을까 해요 *걸을까 해요, *누울까 해요
받침 × ㄹ 받침	-ㄹ까 하다	갈까 해요, 볼까 해요, 쉴까 해요 *만들까 해요, *놀까 해요

★ 과거 '-었-'이 '-(으)ㄹ까'와 결합하지 않는다.

Quá khứ '-었-' không kết hợp với '-(으)ㄹ까'.

- 어제 수지 씨랑 쇼핑하러 갔을까 해요. (×)
- 어제 수지 씨랑 쇼핑하러 갈까 했어요. (○)

문법 연습2

1. [보기]와 같이 대화를 완성하세요.

> **[보기]** 가: 이번 주 토요일에 뭐 할 거예요?
> 나: 친구가 농구를 좋아해서 농구장에 갈까 해요.

(1) 가: 다음 프레젠테이션 어떻게 할 거예요?

나: 동료들하고 같이 ______________.

(2) 가: 주말에 뭐 할 거예요?

나: 곧 승진 시험이 있어서 ______________.

(3) 가: 이번 크리스마스에는 뭐 할 거예요?

나: 이번에는 가족하고 같이 시간을 ______________.

(4) 가: 오늘 저녁에 손님이 오실 거예요.

그래서 배달을 ______________.

나: 글쎄요. 직접 만든 음식이 좋지 않아요?

(5) 가: 저녁에 뭐 먹을 거예요?

나: ______________.

(6) 가: 어제 콘서트 보러 갔어요?

나: 아니요. ______________ 했지만 너무 비싸서 안 갔어요.

(7) 가: 한국어 수업을 ______________ 얼마예요?

나: 한 달에 50만 동이에요. 여기 자료를 보면서 생각해 보세요.

대화

유 미: 투안 씨, 휴가 계획을 세웠어요? 저는 이번 연휴에 무이네에 가기로 했어요.

투 안: 남쪽으로 가네요. 무이네는 자연이 아름다워요. 특히 사막으로 유명해요.

유 미: 맞아요. 사진에서 봤어요. 투안 씨는 고향에 갈 거예요?

투 안: 글쎄요. 일정이 맞지 않아서 못 갈 것 같아요. 그냥 집에서 쉴까 해요.

유 미: 투안 씨 고향이 좀 멀지요? 이번 휴가가 짧아서 갔다 오기가 어렵겠네요.

투 안: 그러게요. 휴가 즐겁게 보내고 오세요.

- 휴가
- 계획을 세우다
- 연휴
- 무이네(Mũi Né)
- 특히
- 사막
- 일정이 맞다
- 갔다 오다
- …(으)로 유명하다
- 글쎄요
- 그러게요

- 짧아서[짤바서]
  짧다[짤따]

• 유미는 휴가 때 무엇을 할 겁니까?

• 투안은 왜 고향에 못 갑니까?

12 기분이 좋아 보여요

1. 사람들이 무엇을 하고 있습니까?
2. 기분이 어떤 것 같습니까?

학습 목표

- 여행과 감정에 관련된 어휘를 익히고 표현할 수 있다.
- 짐작과 발견한 내용을 표현할 수 있다.

어휘: 여행, 감정

문법: -어/아 보이다, -(으)니까[2]

어휘 1

여행

숙소

교통편

…박 …일

예약하다

계획을 세우다

짐을 싸다

구경하다

기념품

- 가: **숙소**하고 **교통편**을 예약했어요?
  나: 네. 숙소는 호텔로 **예약했어요**. 그리고 **교통편**은 기차를 탈까 해요.
- 1일부터 4일까지, **3박 4일** 동안 여행할 거예요.
- 여행 기간이 짧아요. 그래서 **계획을** 잘 **세워야 해요**.
- 여행 **짐을 쌌는데**, 가방이 무거웠어요.
- 저는 코끼리를 처음 봤을 때 눈을 크게 뜨고 **구경했어요**.
- 가: 인형이 한복을 입고 있네요. 예뻐요.
  나: 네. 한국으로 여행 갔을 때 **기념품**으로 사 왔어요.

한복

어휘 2

감정

기분이 좋다

기쁘다

즐겁다

슬프다

외롭다

심심하다

행복하다

설레다

- 힘들 때 초콜릿을 먹으면 **기분이 좋아져요**.
- 지난주에 승진 시험을 봤는데 합격했어요. 그 소식을 듣고 매우 **기뻤어요**.
- 주말마다 가족들이 모두 모여서 함께 식사해요. 저는 그 시간이 무척 **즐거워요**.
- 영화가 **슬퍼서** 눈물이 났어요.
- 가족은 고향에 있고 저는 지금 혼자 살고 있어요. 가끔 **외로워요**.
- 주말에 할 일이 별로 없고 조용하게 집에 있었어요. **심심했어요**.
- 사랑하는 사람과 결혼해서 **행복하게** 살고 있어요.
- 소개팅을 했는데 상대방이 마음에 들었어요.
  헤어진 후에도 **설레서** 잠이 오지 않았어요.

- 합격하다
- 매우, 무척, 아주
- 소개팅
- 마음에 들다

어휘 연습

1. [보기]에서 알맞은 말을 골라 다음 문장을 완성하세요.

[보기] 숙소 교통편 기념품 짐

다음 달에 가족 여행으로 제주도에 갈 거예요. 제주도는 한국 남쪽에 있는 섬이에요. (1) ________ 은/는 공항 근처에 있는 '하나 호텔'로 예약했어요. 그리고 (2) ________ 을/를 알아봤어요. 제주도까지 비행기를 타고 가고, 제주도에서 차를 빌리기로 했어요. (3) ________ 이/가 많지 않아서 작은 가방 하나만 준비했어요. 즐거운 시간을 보내고 돌아올 때 (4) ________ 로/으로 돌하르방 인형을 사올 거예요.

2. [보기]와 같이 연결하세요.

[보기]

발표가 잘 끝났어요. •	• 기뻐요.
(1) 할 일이 별로 없어요. •	• 설레요.
(2) 대회에서 우승을 했어요. •	• 슬퍼요.
(3) 여자 친구하고 헤어졌어요. •	• 심심해요.
(4) 오랜만에 남자 친구를 만나요. •	• 기분이 좋아요.

문법1

-어/아 보이다

(형용사에 붙어) 그 형용사처럼 느끼거나 그렇게 짐작됨을 나타낸다.

(Gắn vào tính từ) Thể hiện cảm nhận giống như tính từ đó hoặc sự dự đoán sẽ như vậy.

- 가: 이거 좀 드셔 보세요. 제가 만든 불고기예요.
  나: 와, 맛있어 보여요.
- 가: 피곤해 보이네요.
  나: 어제 잘 못 잤어요.
- 아까 새로 들어온 직원을 만났어요. 착해 보였어요.
- 하이힐을 신으면 키가 커 보일 거예요.

ㅏ, ㅗ	-아 보이다	작아 보이다, 좋아 보이다, 바빠 보이다
ㅏ, ㅗ 이외	-어 보이다	맛있어 보이다, 길어 보이다, 커 보이다, 어려 보이다, *매워 보이다, *귀여워 보이다
-하다	-해 보이다	착해 보이다, 깨끗해 보이다, 피곤해 보이다

★ 주로 '이/가 -어/아 보이다' 형태로 쓴다.

Chủ yếu dùng ở hình thức '이/가 -어/아 보이다'.

- 밖이 무척 추워 보여요.
- 일이 어려워 보입니다.

★ 명사에는 '처럼/같이 보이다'가 붙는다.

Đối với danh từ thì dùng '처럼/같이 보이다'.

- 프엉 씨, 안경을 쓰니까 과장님처럼 보여요.
- 요리를 하는 투안 씨가 요리사같이 보였어요.

문법 연습1

1. [보기]와 같이 쓰세요.

[보기] 슬프다 → 슬퍼 보여요.

(1) 기쁘다 → ________________.

(2) 즐겁다 → ________________.

(3) 행복하다 → ________________.

(4) 멋있다 → ________________.

(5) 많다 → ________________.

2. [보기]와 같이 대화를 완성하세요.

[보기] 가: 좀 더 큰 거 있어요? 작아 보여요.
나: 그럼 이거 한 번 입어 보세요.

(1) 가: 기태 씨가 운동을 열심히 한 것 같아요.
나: 그러게요. ________________.

(2) 가: 유미 씨는 사진 찍을 때마다 왜 뒤로 가요?
나: 앞에 서면 얼굴이 ________________.

(3) 가: 프엉 씨가 빨간색 옷을 입으니까 ________________.
나: 프엉 씨한테 빨간색이 잘 어울리네요.

(4) 가: 오늘 왜 이렇게 기분이 ________________?
나: 배드민턴을 쳤는데 제가 이겼어요.

(5) 가: 제가 좀 도와 드릴까요? 너무 ________________.
나: 아니에요. 혼자 들 수 있어요. 고마워요.

문법2

-(으)니까[2]

(동사에 붙어) 앞 절의 내용이 진행된 결과 뒤 절의 내용처럼 되거나 그런 일이 일어남을 나타낸다. 앞의 행동을 함으로 뒤의 사실을 발견하게 될 때 사용한다.

(Gắn vào động từ) Thể hiện kết quả của nội dung được tiến hành ở vế trước trở nên giống như nội dung của vế sau hoặc xảy ra một việc như vậy. Sử dụng khi phát hiện ra hành động ở phía sau do thực hiện hành động ở vế trước.

- 가: 과장님, 거래처에 전화하니까 아무도 안 받아요.
  나: 오후에 다시 해 보세요.
- 가: 프엉 씨, 자료 고마워요. 어디에서 찾았어요?
  나: 인터넷에서 찾으니까 있었어요.
- 하늘을 보니까 비가 올 것 같아요.
- 식당에 들어가니까 맛있는 냄새가 났어요.

받침 ○	-으니까	먹으니까, 찾으니까, 읽으니까, 입으니까
받침 × / ㄹ 받침	-니까	보니까, 가니까, 전화하니까, *들으니까, *만드니까

★ 형용사와 결합하지 않는다. 형용사와 결합할 경우에는 '이유'를 의미한다.

Trong trường hợp nó kết hợp với tính từ thì nó thể hiện 'lý do'.

- 사람이 많으니까 다른 곳에 갑시다.

★ 뒤에 주로 현재나 과거 시제가 오고 미래는 올 수 없다.

Sau nó chủ yếu là thời hiện tại hoặc quá khứ, không dùng với thì tương lai.

- 체육관에 가 보니까 문을 닫았어요/닫아요. (○)
- 체육관에 가 보니까 문을 닫을 거예요. (×)

★ 과거 '-었-', 미래·추측의 '-겠-'과 결합하지 않는다.

Không kết hợp với thì quá khứ '-었-' hoặc thì tương lai, dự đoán '-겠-'.

- 시계를 보니까 9시였어요. (○)
- 시계를 봤으니까 9시였어요. (×)
- 시계를 보겠으니까 9시였어요. (×)

문법 연습2

1. [보기]와 같이 연결하세요.

[보기]

컴퓨터를 켜니까 •	• 기분이 좋아졌어요.
(1) 드라마를 보니까 •	• 세일을 하고 있었어요.
(2) 달리기를 하니까 •	• 배우들이 연기를 잘해요.
(3) 쇼핑몰에 가니까 •	• 좋은 선배들이 많았어요.
(4) 회사에서 일해 보니까 •	• 파란 화면이 나왔어요.

2. [보기]와 같이 쓰세요.

[보기] (도착하다) 사무실에 도착하니까 아무도 없었어요.

(1) (보다) 창문 밖을 ______________________.

(2) (배워 보다) 한국어를 ______________________.

(3) (먹어 보다) 한국 라면을 ______________________.

(4) (이야기하다) 한국 사람과 ______________________.

(5) (입다) 이 옷을 ______________________.

(6) (살다) 외국에서 ______________________.

대화

프 엉: 유미 씨, 기분이 좋아 보여요. 무슨 생각을 하고 있어요?

유 미: 여행 생각을 하고 있었어요.

프 엉: 맞다. 이번 휴가 때 무이네에 가지요? 표를 샀어요?

유 미: 네. 지난 주말에 여행사에 가서 비행기 표를 예매하고 숙소도 예약했어요.

프 엉: 여행사요? 인터넷이 더 싸지 않아요?

유 미: 인터넷을 찾아보니까 정보가 너무 많아서 복잡했어요. 여행사에 가니까 궁금한 것을 바로 물어볼 수 있어서 좋았어요. 비행기 표도 별로 비싸지 않았어요.

- 예매하다
- 예약하다
- 정보
- 복잡하다
- 궁금하다
- 바로
- 별로 -지 않다

- 예약했어요 [예야캐써요]
- 복잡했어요 [복짜패써요]

- 유미는 지난 주말에 무엇을 했습니까?
- 유미는 왜 인터넷을 이용하지 않았습니까?

13 감기에 걸려서 콧물이 나요

1 여자는 지금 어떻습니까?

2 남자는 어디가 아픕니까?

3 여러분은 어디가 자주 아픕니까?

학습 목표

- 병의 증상과 관련된 어휘를 사용하여 말할 수 있다.
- 의사에게 병의 증상에 대해 말할 수 있다.

어휘: 진료, 병의 증상

문법: -(으)ㄴ데요/는데요, -(으)ㄴ가요/나요

어휘 1

진료

진찰(하다)	수술(하다)	입원(하다)	간호(하다)
치료(하다)	검사(하다)	퇴원(하다)	약을 처방하다
접수(하다)	주사를 맞다	주사를 놓다	엑스레이(X-ray)를 찍다
처방전을 받다	예방 접종	환자	보호자

- 의사가 **진찰** 후에 **감기약**을 **처방해** 줬어요.
- 어제 **입원한 환자**의 **보호자**는 90세 할머니였어요.
- 엄마가 아픈 제 동생을 열심히 **간호했어요**.
- **수술** 전에 **입원해서** 아픈 곳을 여기저기 **검사하려고** 해요.
- **치료**가 끝나면 **퇴원해도** 돼요.
- 병원에 오면 먼저 **접수**를 해야 돼요.
- 오늘은 **예방 접종**을 하는 날이라서 **주사를 맞으러** 병원에 갔어요.
- 간호사가 팔에 **주사를 놓았어요**.
- **엑스레이 사진을 찍어** 보니까 손가락이 부러졌어요.
- 병원에서 **처방전을 받아서** 약국에 가세요.

⊙ 부러지다

어휘 2

병의 증상

열이 나다	콧물이 나다	기침이 나다 기침을 하다	재채기가 나다 재채기를 하다
토하다	몸살이 나다	배탈이 나다	식은땀이 나다
치통	복통	두통	근육통
감기에 걸리다	불면증	우울증	(병이) 낫다

- **열이 나서** 약을 먹어야 돼요.
- **콧물이 나는데** 휴지 있으세요?
- **감기에 걸려서 기침이 나요.**
- 갑자기 **재채기가 나서** 말을 못했어요.
- 어제 밤에 술을 마시고 **토했어요.**
- 주말에 **몸살이 나서** 근육통으로 힘들었어요.
- **치통**이 심해지니까 두통까지 생겼어요.
- **복통**이 있을 때 이 약을 먹으면 나을 거예요.
- **불면증**에는 가벼운 운동이 좋아요.
- **우울증**이 있어서 약을 먹어야 해요.

어휘 연습

1. 그림을 보고 문장을 완성하세요.

[보기]

의사가 환자를 진료해요.

(1)

의사가 ______________.

(2)

환자가 ______________.

(3)

간호사가 ______________.

2. [보기]와 같이 연결하세요.

[보기]

• —— • 열이 나요.

(1)

• • 배탈이 났어요.

(2)

• • 치통이 있어요.

(3)

• • 기침이 나요.

(4)

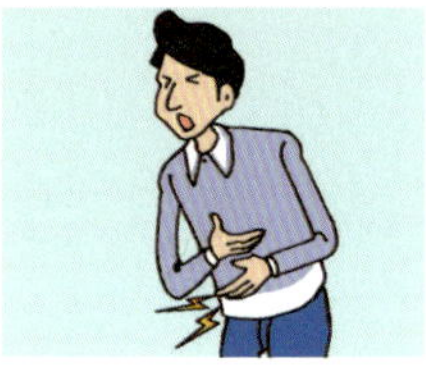

• • 콧물이 나요.

문법1

-(으)ㄴ데요/는데요

(동사나 형용사, '이다, 아니다'에 붙어) 어떤 사실을 말하면서 듣는 사람의 반응이나 대답을 기다리거나 감탄하며 서술함을 나타낸다.

(Gắn với động từ hoặc tính từ, 'là (이다), không phải là (아니다)') Dùng khi thể hiện việc vừa nói về một sự thật nào đó vừa chờ đợi phản ứng hoặc câu trả lời của người nghe hay kể chuyện và cảm thán.

- 가: (전화) 실례지만, 누구세요?
  나: 저 흐엉인데요.
- 가: 프엉 씨, 내일 같이 영화를 볼까요?
  나: 저는 내일 친구와 영화를 볼 건데요.
- 가: 투안 씨, 비가 와서 우산 좀 빌리고 싶은데요.
  나: 네, 여기 있어요.
- 가: 오늘 날씨가 정말 더운데요.
  나: 맞아요, 너무 더워요.

현재	동사	받침 ○	-는데요	먹는데요, 읽는데요, 있는데요, *노는데요
		받침 ×		
	형용사	받침 ○	-은데	작은데, 높은데, *매운데, *그런데
		받침 ×	-ㄴ데	큰데, 아픈데, 슬픈데, *먼데
		ㄹ 받침		
	명사	받침 ○	인데	회사인데, 직원인데
		받침 ×		
과거	동사 형용사	ㅏ, ㅗ	-았는데요	찾았는데요, 만났는데요, 왔는데요, *빨랐는데요
		ㅏ, ㅗ 이외	-었는데요	읽었는데요, 마셨는데요, *들었는데요, *구웠는데요, *불렀는데요
		-하다	-했는데요	전화했는데요, 일했는데요, 깨끗했는데요, 조용했는데요
	명사	받침 ○	이었는데요	병원이었는데요, 아침이었는데요
		받침 ×	였는데요	의사였는데요, 어디였는데요
미래	동사 형용사	받침 ○	-을 건데	먹을 건데, 좋을 건데, *들을 건데 *더울 건데
		받침 ×	-ㄹ 건데	갈 건데, 클 건데, *만들 건데
		ㄹ 받침		

문법 연습1

1. [보기]와 같이 쓰세요.

[보기]	지금/비가 오다 → 지금 비가 오는데요.

(1) 여기/어둡다 → ______________________.

(2) 지금/한국/살다 → ______________________.

(3) 아까/음식/맵다 → ______________________.

(4) 저거/제 컴퓨터이다 → ______________________.

(5) 작년/저는 고등학생이다 → ______________________.

(6) 이따가/케이크를 만들다 → ______________________.

(7) 지난 달/한국 노래/듣다 → ______________________.

2. [보기]와 같이 대화를 완성하세요.

[보기] 가: 이번 주말에 등산할 건데 같이 갈래요?
나: 저는 이번 주말에 약속이 있는데요.

(1) 가: 투안 씨, 왜 식사 안 해요?
나: 저는 아까 너무 배고파서 ______________________.

(2) 가: 지금 비가 오고 있어요?
나: 아니요, ______________________.

(3) 가: 제 책상 위에 서류 좀 주세요.
나: 어? 책상 위에 ______________________.

문법2

-(으)ㄴ가요/나요

(동사, 형용사에 붙어) 격식을 차리지 않아도 되는 환경이거나 친한 사이에서 윗사람인 상대방에게 질문할 때에 사용한다. 부드럽고 친절한 느낌을 주며 주로 구어에서 사용한다.

(Gắn vào động từ, tính từ) Sử dụng khi không cần nói kính ngữ hoặc dung để hỏi đối phương là người trên trong mối quan hệ thân thiết. Nó mang lại cảm giác mềm mại và thân thiện, chủ yếu dung trong văn nói.

- 가: 그 사무실이 좁은가요?
  나: 괜찮아요. 좁지 않아요.
- 가: 요즘 아침에 무엇을 먹나요?
  나: 요즘은 빵과 우유를 먹어요.
- 가: 오늘은 일찍 가실 건가요?
  나: 네, 이따가 약속이 있어요.
- 가: 어제 날씨가 더웠나요?
  나: 네, 좀 더웠어요.

현재	명사	받침 ○	인가요	회사인가요, 직원인가요
		받침 ×		
	동사	받침 ○	-나요	짓나요, 걷나요, 없나요, *만드나요
		받침 ×		
	형용사	받침 ○	-은가요	적은가요, 밝은가요, *더운가요, *어떤가요
		받침 ×	-ㄴ가요	비싼가요, 시원한가요, *긴가요
		ㄹ 받침		
과거	명사	받침 ○	이었나요	직원이었나요, 오전이었나요
		받침 ×	였나요	회사였나요, 언제였나요
	동사 형용사	ㅏ, ㅗ	-았나요	잡았나요, 갔나요, 좋았나요, *달랐나요
		ㅏ, ㅗ 이외	-었나요	쉬었나요, 썼나요, *걸었나요, *누웠나요, *지었나요 *질렀나요
		-하다	-했나요	운동했나요, 회의했나요, 행복했나요, 편리했나요
미래	동사 형용사	받침 ○	-을 건가요	닫을 건가요, 좋을 건가요, *걸을 건가요, *어두울 건가요
		받침 ×	-ㄹ 건가요	탈 건가요, 쌀 건가요, *살 건가요
		ㄹ 받침		

문법 연습2

1. [보기]와 같이 쓰세요.

[보기] 지금/뭘/하다 → 지금 뭘 하나요?

(1) 이 제품/얼마 → ?

(2) 머리/많이/아프다 → ?

(3) 이 책/벌써 다 읽다 → ?

(4) 지금/밖/날씨/덥다 → ?

(5) 저녁마다/공원/걷다 → ?

(6) 이 건물/몇 년/짓다 → ?

(7) 슬픈 영화/보다/울다 → ?

(8) 어제/타다/기차/빠르다 → ?

(9) 지금 들다/상자/무겁다 → ?

2. [보기]와 같이 대화를 완성하세요.

[보기] 가: 거래처에 이메일을 보내셨나요?
나: 네, 어제 보냈어요.

(1) 가: 지난 휴가에 고향에 ?
나: 네, 고향에서 가족들과 즐거운 시간을 보냈어요.

(2) 가: 투안 씨, 어제 잠을 ?
나: 네, 불면증이 심해졌어요.

(3) 가: 복사기가 ?
나: 아니요, 지금은 잘 돼요.

대화

의 사: 어디가 불편하세요?

투 안: 머리가 아파서 왔는데요. 콧물도 나요.

의 사: 자, 입을 '아~'하고 벌려 보세요. 목이 부었네요. 기침도 하나요?

투 안: 네. 기침도 하고 숨 쉬기가 불편해요.

의 사: 감기에 심하게 걸렸네요. 며칠 약을 먹고 푹 쉬세요. 약은 하루 세 번, 식후에 드세요.

투 안: 네, 알겠습니다.

- 입을 벌리다
- 숨(을) 쉬다
- 심하다
- 푹
- 목이 붓다
- 식후

- 왔는데요[완는데요]
- 콧물[콘물]
- 부었네요[부언네요]
- 걸렸네요[걸련네요]
- 식후에[시쿠에]

- 투안 씨는 어떤 증상이 있습니까?
- 투안 씨는 무엇을 해야 합니까?

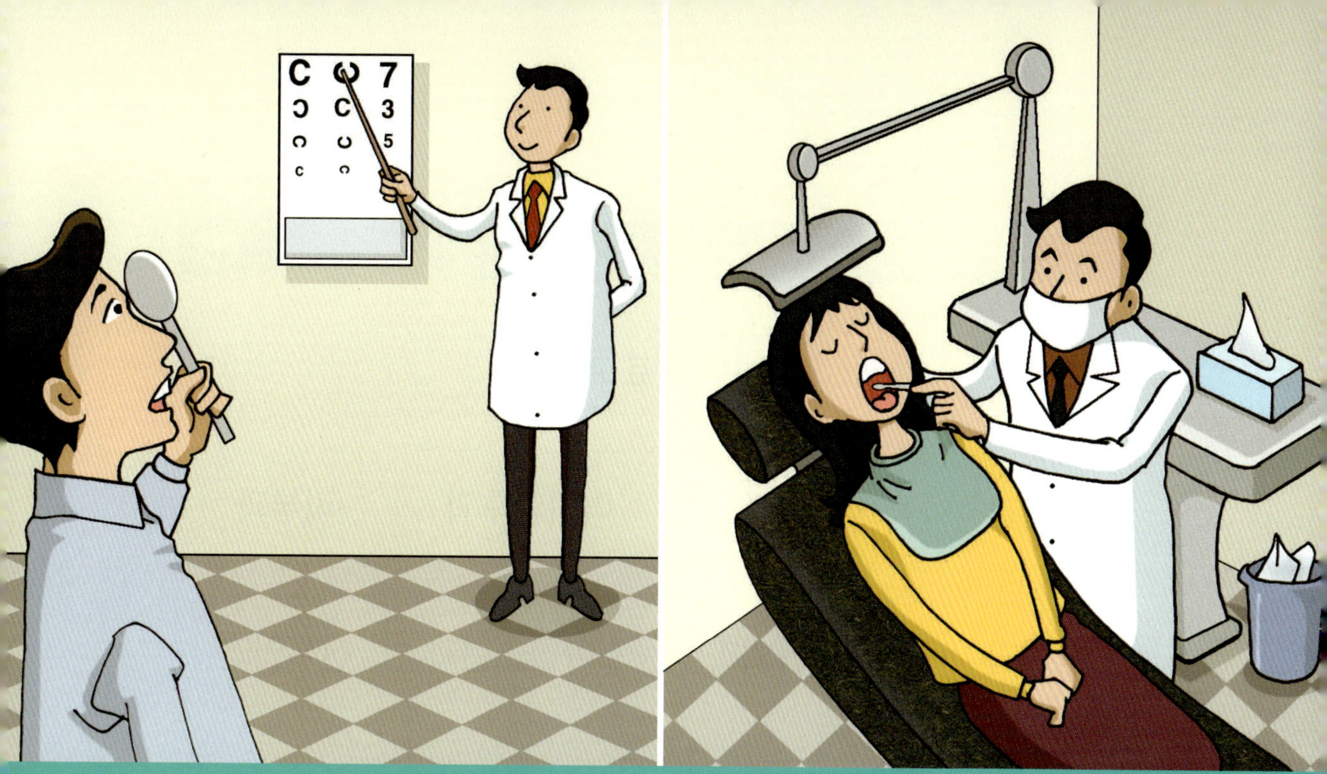

14 일찍 들어가는 게 어때요?

1 남자는 어디에 왔습니까?

2 여자는 어디에 왔습니까? 어디가 아픕니까?

3 감기가 심해지면 어느 병원에 갑니까?

학습 목표

- 병원의 진료 과목과 병가에 대한 어휘를 말할 수 있다.
- 제안이나 조언 등 자기의 생각을 질문의 형태로 말할 수 있다.
- 양보를 나타내는 표현을 말할 수 있다.

어휘: 병원 진료 과목, 병가

문법: -는 게 어때요, -어도/아도

어휘 1

병원 진료 과목

내과	외과	이비인후과	피부과
치과	정형외과	소아청소년과	산부인과
안과	신경정신과	종합병원	응급실

- 지난주에 독감에 걸려서 **내과**에 다녀왔어요.
- 오늘 교통사고 때문에 **외과** 의사들이 모두 **응급실**로 갔어요.
- 귀가 아프면 **이비인후과**에 가 보세요.
- 그 **피부과**에 다니면서 피부가 좋아졌어요.
- 이가 많이 아파 보이는데 지금 **치과**에 갈래요?
- 다리가 부러져서 **정형외과**에 가야 돼요.
- 우리 딸은 **소아청소년과**에 가서 주사를 맞았어요.
- 언니가 **산부인과**에서 아기를 낳았어요.
- 눈이 나빠져서 **안과**에 가서 검사를 했어요.
- 우울증이 심해져서 **신경정신과**에 가 볼까 해요.
- **종합병원**에 가면 여러 병을 치료할 수 있을 거예요.

- 피부
- 아기를 낳다

어휘 2

병가

결근(하다)	출근(하다)	조퇴(하다)	지각(하다)
병가	연차 휴가 =연가	경조 휴가	휴가를 내다 /신청하다
휴직	복직	퇴직	이직

- 프엉 씨는 지금까지 **결근**이 한 번도 없었고, 매일 **출근**했어요.
- 오늘 아침에 길이 많이 막혀서 **지각했어요**.
- **조퇴하기** 전에 담당자에게 먼저 이야기해 주세요.
- 김 과장님이 지난달에 **병가**로 쉬었어요.
- **연차 휴가를 내서** 여행을 다녀오려고 해요.
- 이 대리님은 며칠 전에 결혼식을 해서 지금 **경조 휴가** 중이에요.
- 누나가 지난주부터 **휴직**해서 쉬고 있어요.
- 우리 회사에 **복직**한 유미 씨를 환영합니다.
- 저는 작년에 **퇴직**을 했고, 제 동료는 지금 **이직**을 준비하고 있어요.

어휘 연습

1. [보기]와 같이 쓰세요.

[보기]	눈이 아파요. → 안과

(1) 복통이 있어요. →

(2) 코와 목이 아파요. →

(3) 아기를 낳으려고 해요. →

(4) 아기가 감기에 걸렸어요. →

(5) 늦은 밤에 갑자기 아파요. →

(6) 뜨거운 물에 손을 다쳤어요. →

2. [보기]와 같이 의미가 같은 단어를 골라 연결하세요.

[보기]

매일 회사에 가요. • —— • 출근해요.

(1) 오늘 회사에 안 가요. • • 복직해요.

(2) 회사에 늦게 가요. • • 이직해요.

(3) 퇴근 시간 전에 일찍 집에 가요. • • 병가를 내요.

(4) 아파서 회사에 못 가요. • • 조퇴해요.

(5) 우리 회사를 그만두고 다른 회사에 취직해요. • • 지각해요.

(6) 휴직이 끝나고 회사에서 일을 다시 시작해요. • • 결근해요.

문법1

-는 게 어때요?

(동사에 붙어) 자신의 의견을 부드러운 질문을 통해 나타내는 말로 상대에게 제안하거나 조언을 할 때 사용한다.

(Gắn với động từ) Dùng khi đưa ra đề nghị hoặc tư vấn của bản thân cho đối phương thông qua những câu hỏi nhẹ nhàng.

- 가: 어디에서 만날까요?
  나: 회사 정문 앞에서 보는 게 어때요?
- 가: 누가 저녁을 준비하나요?
  나: 기태 씨가 요리를 잘하니까 기태 씨가 만드는 게 어때요?
- 가: 여기는 좀 시끄러우니까 다른 곳에서 회의하는 게 어때요?
  나: 네, 다른 회의실을 찾아 보겠습니다.
- 가: 이 빵이 맛있어 보이는데 이걸로 살까요?
  나: 제 생각에는 저게 더 싼 것 같은데 저 빵을 사는 게 어때요?

★ 명령 또는 청유의 의미를 포함하므로 이유표현 '-어서/아서' 뒤에 쓸 수 없다.

Vì nó bao hầm ý nghĩa mệnh lệnh hoặc khuyên nhủ nên phía sau không thể dùng cấu trúc thể hiện lý do '-어서/아서'.

- 힘드니까 쉬는 게 어때요? (○)
- 힘들어서 쉬는 게 어때요? (×)

★ 미래에 대한 일이라도 항상 현재형으로 쓴다.

Dù là việc trong tương lai nhưng cũng vẫn dùng với thì hiện tại.

- 내일부터 열심히 공부하는 게 어때요? (○)
- 내일부터 열심히 공부할 게 어때요? (×)

★ 부정문은 '-지 않는 게 어때요?', '안 -는 게 어때요?'로 쓴다.

Đối với câu phủ định thì dùng '-지 않는 게 어때요?', '안 -는 게 어때요?'

- 이렇게 아픈데 내일은 회사에 나오지 않는 게 어때요?
- 이렇게 아픈데 내일은 회사에 안 나오는 게 어때요?

문법 연습1

1. [보기]와 같이 쓰세요.

[보기] 배가 아프다/병원에 가다 → 배가 아프면 병원에 가는 게 어때요?

(1) 너무 비싸다/ 다른 가게에서 사다

→ ______________________.

(2) 룸메이트가 불편하다/ 혼자 살다

→ ______________________.

(3) 다른 직원들은 벌써 밥을 다 먹었다/ 저와 같이 먹다

→ ______________________.

2. [보기]와 같이 대화를 완성하세요.

[보기] 가: 너무 오래 걸어서 다리가 아파요.
나: 그럼 여기에서 잠깐 쉬는 게 어때요?

(1) 가: 이 음식이 너무 맵네요.
나: 물을 ______________________?

(2) 가: 사무실이 좀 덥네요.
나: 창문을 ______________________?

(3) 가: 벌써 5시네요! 약속이 있어서 빨리 가야 돼요.
나: 지금 약속에 늦었으니까 택시를 ______________________?

(4) 가: 이 옷이 잘 어울리니까 ______________________?
나: 제 생각에는 저 옷이 더 좋은 것 같은데요.

(5) 가: 거래처에서 전화를 안 받아요.
나: 그럼 이메일을 ______________________?

(6) 가: 한국 요리를 만들고 싶은데 방법을 잘 모르겠어요.
나: ______________________?

문법2

-어도/아도

(동사나 형용사, '이다, 아니다'에 붙어) 앞 절에서 말하는 사실이나 가정에 대해 기대하는 것이 뒤 절에서 어긋남을 나타낸다.

(Gắn với động từ hoặc tính từ, ' là (이다), không phải là (아니다)') Thể hiện có sự sai lệch giữa sự mong đợi về sự thật hay giả định ở vế trước với vế sau.

- 가: 축구를 좋아하세요?
  나: 그럼요. 비가 와도 축구를 하는데요.
- 가: 어제 잃어버린 휴대폰을 찾았어요?
  나: 아니요, 어제 하루 종일 찾아 봐도 없었어요.
- 제 동생은 키가 작아도 농구를 잘해요.
- 옛날에는 커피를 마셔도 잠을 잘 잤는데 요즘은 커피를 마시면 못 자요.

ㅏ, ㅗ	-아도	만나도, 가도, 봐도, 와도, *잘라도, *지어도
ㅏ, ㅗ 이외	-어도	있어도, 써도, 마셔도, 보내도, 길어도 *들어도, *추워도, *그래도
-하다	-해도	전화해도, 복사해도, 행복해도
이다	이어도	선생님이어도, 부장님이어도
	여도	의사여도, 아버지여도
아니다	아니어도	아니어도

문법 연습2

1. [보기]와 같이 쓰세요.

[보기] 피곤하다 → 피곤해도 일을 쉬지 않아요.

(1) 돈이 없다 → ______.

(2) 배가 고프다 → ______.

(3) 한국어를 모르다 → ______.

(4) 이 회사를 떠나다 → ______.

(5) 단어를 한 번만 보다 → ______.

2. [보기]와 같이 대화를 완성하세요.

[보기] 가: 두통약을 먹었어요?
나: 네, 약을 먹어도 머리가 계속 아파요.

(1) 가: 그 선수는 나이가 어리네요.
나: ______ 실력은 최고예요.

(2) 가: 투안 씨는 지금 비가 오는데 운동하러 갔어요?
나: 맞아요. ______ 매일 운동을 해요.

(3) 가: 저는 건강해서 병원에 안 가도 돼요.
나: ______ 검사를 받아야 해요.

(4) 가: 고향이 먼데 주말마다 다녀와요?
나: ______ 가족을 만나는 건 힘들지 않아요.

대화

정세아: 투안 씨, 얼굴이 아주 안 좋아 보여요. 양호실에 다녀왔어요?

투 안: 네, 대리님. 약을 먹어도 효과가 별로 없는 것 같아요. 머리가 많이 아파요.

정세아: 오늘은 일찍 들어가는 게 어때요?

투 안: 그럼 저… 조퇴해도 될까요?

정세아: 그럼요. 조퇴 신청서를 작성해서 과장님께 제출하세요. 아마 허락해 주실 거예요.

투 안: 그렇게 하겠습니다. 고맙습니다.

- 양호실
- 효과가 없다
- 일찍 들어가다
- 허락하다

- 허락해[허라캐]
- 그렇게[그러케]

- 남자는 약을 먹고 괜찮아졌습니까?
- 남자는 무엇을 할 겁니까?

15 사막이 무척 아름답더라고요

1. 가장 기억에 남는 여행은 언제입니까?
2. 그때 무엇을 했습니까?
3. 그때 어떤 느낌이 들었습니까?

학습 목표

- 여행 경험과 그 느낌에 대해 이야기할 수 있다.
- 과거의 특별한 경험에 대해 이야기할 수 있다.

어휘: 여행 경험, 감상

문법: -더라고요, -어/아 보다²

어휘 1

여행 경험

경치가 아름답다	교통이 편리하다/불편하다	물가가 싸다/비싸다
사람들이 친절하다	말이 통하다	음식이 입에 맞다

- 다낭은 **경치가 아름다워서** 사람들이 많이 찾습니다.
- 그 섬은 가깝지만 **교통이 불편해서** 시간이 오래 걸립니다.
- 생각보다 **물가가 비싸서** 쇼핑을 거의 못 했어요.
- 여행지의 **사람들이 친절해서** 기분이 좋았습니다.
- 열심히 한국어를 공부했으니까 서울에 가면 **말이 통할 거예요.**
- 모든 **음식이 입에 맞아서** 정말 많이 먹었어요.

- 걸리다
- 생각보다
- 거의
- 여행지

어휘 2

감상

아름답다	신기하다	이국적이다	인상적이다
잊을 수 없다	기억에 남다	그저 그렇다	실망스럽다

- 베트남은 산과 바다, 호수가 정말 **아름다워요**.
- 이렇게 큰 돌을 어떻게 옮겼을까요? 정말 **신기해요**.
- 멕시코 식당에 처음 갔는데 **이국적이었어요**.
- 사막과 바다를 동시에 볼 수 있는 경치가 **인상적이에요**.
- 여행지에서 만난 사람들이 정말 친절해서 **잊을 수 없을 것 같아요**.
- 밤에 유람선을 타고 도시의 야경을 본 것이 가장 **기억에 남아요**.
- 그 온천은 물가가 싸서 좋았지만 음식은 **그저 그랬어요**.
- 호텔이 광고 사진과 너무 달라서 **실망스러웠어요**.

- 돌
- 옮기다
- 동시에
- 유람선
- 도시
- 야경

어휘 연습

1. [보기]에서 알맞은 말을 골라 다음 문장을 완성하세요.

[보기]	사람들이 친절하다	물가가 싸다
	음식이 입에 맞다	교통이 편리하다

(1) 호텔이 지하철역과 가깝고 호텔 바로 앞에서 버스와 택시를 탈 수 있어요.

이 호텔은 ______________________.

(2) 이곳은 베트남보다 커피와 과일, 음식 등 많은 것이 싸요.

이곳은 베트남보다 ______________________.

(3) 제가 길을 잘 몰라서 사람들에게 물어봤는데 휴대폰으로 길을 찾아서 알려줬어요. ______________________.

(4) 한국 음식이 베트남과 달라서 걱정을 많이 했는데 음식이 다 맛있어요.

______________________.

2. [보기]에서 알맞은 말을 골라 다음 문장을 완성하세요.

[보기]	아름답다	신기하다	잊을 수 없다	실망스럽다

저는 휴가 때 한국 제주도에 다녀왔어요. 가족들과 함께 한국에 처음 가는 기분이 정말 좋았어요. 겨울이라서 날씨가 너무 추운데 예쁜 꽃이 많이 피어 있어서 ______________. 그런데 제가 예약한 숙소가 사진과 달라서 조금 ______________. 그렇지만 바다와 한라산, 계곡과 경치가 정말 ______________. 음식도 제 입에 맞아서 정말 행복한 시간을 보냈어요. 저는 앞으로도 이 여행을 ______________.

문법1

-더라고요

(동사나 형용사, '이다, 아니다'에 붙어) 말하는 사람이 과거에 직접 경험하여 새롭게 알게 된 사실을 지금 상대방에게 전달할 때 사용한다. 흔히 감탄의 뜻을 나타내며, 주로 구어에서 사용한다.

(Gắn với động từ hoặc tính từ, ' Là (이다), không phải là (아니다)') Dùng khi người nói đã trực tiếp trải nghiệm và mới biết được sự thật nào đó trong quá khứ và bây giờ truyền đạt lại. Thường được dung để thể hiện cảm thán và chủ yếu dung trong văn nói.

- 가: 한국 여행이 어땠어요?
  나: 한국 음식이 정말 맛있더라고요.
- 가: 투안 씨 노래를 들어 봤어요?
  나: 네. 투안 씨가 노래를 정말 잘 부르더라고요.
- 눈을 직접 보니까 정말 신기하더라고요.
- 야경이 정말 아름답더라고요.

받침 ○	-더라고요	먹더라고요, 읽더라고요, 있더라고요, 맛있더라고요, 아름답더라고요
받침 ×		가더라고요, 주더라고요, 마시더라고요, 신기하더라고요, 인상적이더라고요

★ 주어가 2, 3인칭일 때 주로 사용한다. '-더라고요'는 말하는 이가 새롭게 알게 된 사실을 나타내기 때문에 원칙적으로 1인칭 주어를 쓸 수 없다.

Chủ yếu dùng khi chủ ngữ là ngôi thứ 2, thứ 3. Vì người nói dùng '-더라고요' để thể hiện sự thật mà mình mới biết được cho nên theo nguyên tắc là chủ ngữ không được dùng ở ngôi thứ 1.

- 나는 김치를 잘 먹더라고요. (×)
- 프엉 씨가 김치를 잘 먹더라고요 . (○)

★ 주어가 1인칭이더라도 자신을 객관화하여 다른 사람에게 알려 주거나 자기에 대한 추측을 말할 때에는 사용할 수 있다.

Dù cho đó có là ngôi 1 đi chăng nữa thì đó cũng là cách mà người nói khách quan hóa bản thân để nói cho người khác biết hoặc cũng có thể dùng khi người nói muốn thể hiện sự dự đoán về bản thân.

문법 연습1

1. [보기]와 같이 쓰세요.

[보기] 기태 씨/도서관/있다 → 기태 씨가 도서관에 있더라고요.

(1) 한국 식당/비빔밥/좀 맵다

→ ________________.

(2) 서울/물가/비싸다

→ ________________.

(3) 투안 씨/커피/안 마시다

→ ________________.

(4) 한국 사람들/아침/잘 안 먹다

→ ________________.

2. [보기]와 같이 대화를 완성하세요.

[보기] 가: 다낭 여행이 어땠어요?
나: 날씨가 정말 좋더라고요.

(1) 가: 케이팝(K-pop) 콘서트가 어땠어요?
나: 무대가 ________________.

(2) 가: 그 영화가 재미있었어요?
나: 아니요, ________________.

(3) 가: 유미 씨, 새로 생긴 식당이 어때요?
나: 음식이 맛있고 가격도 싸서 사람이 ________________.

(4) 가: 그 영화가 요즘 인기가 많아요?
나: 네, 사람들이 ________________.

문법2

-어/아 보다²

(동사에 붙어) 어떤 행위를 시도하여 경험함을 나타낸다. '-어/아 봤어요'와 같은 형태로 쓰여 일상적이지 않은 경험을 말할 때 사용한다.

(Gắn vào động từ) Thể hiện việc có kinh nghiệm làm thử một hành vi nào đó. Sử dụng hình thái '-어/아 봤어요' để nói về kinh nghiệm không phải là thường nhật

- 가: 부산에 가 봤어요?
  나: 네, 작년에 한 번 가 봤어요.
- 가: 식혜를 마셔 봤어요?
  나: 아니요, 한국 드라마에서 봤는데 아직 못 마셔 봤어요.
- 짱 씨에게 전화해 봤어요?
- 한국어를 공부해 봤어요?

ㅏ, ㅗ	-아 보다	와 보다, 가 보다, 만나 보다, 일어나 보다, 살아 보다, 찾아 보다
ㅏ, ㅗ이외	-어 보다	먹어 보다, 입어 보다, 배워 보다, 마셔 보다, *들어 보다, *걸어 보다
-하다	-해 보다	공부해 보다, 전화해 보다, 청소해 보다, 여행해 보다, 노력해 보다

★ 일상적으로 하는 행위에는 쓰지 않는다.

Không sử dụng cho hành vi có tính chất thường nhật.

- 저는 잠을 자 봤어요. (×)
- 저는 공항에서 잠을 자 봤어요. (○)

★ 형용사와 결합하지 않는다.

Không kết hợp với tính từ.

- 나는 작아 봤어요. (×)
- 얼굴이 예뻐 봤어요. (×)

문법 연습2

1. [보기]와 같이 쓰세요.

[보기]	저/부산/가다 → 저는 부산에 가 봤어요.

(1) 투안 씨/스키/타다? → ______________________?

(2) 저/삼계탕/먹다 → ______________________.

(3) 다른 나라 말/공부하다? → ______________________?

(4) 저/한국 노래/듣다 → ______________________.

2. [보기]와 같이 대화를 완성하세요.

[보기]	가: 막걸리 마셔 봤어요? 나: 아니요. 막걸리는 어떤 맛이에요?

(1) 가: ______________________?

나: 네, 저는 태국하고 미얀마에 가 봤어요.

(2) 가: 한국 요리를 해 봤어요?

나: 아니요, ______________________.

(3) 가: 어떤 운동을 배워 봤어요?

나: 저는 ______________________.

(4) 가: ______________________?

나: 아니요. 아직 한국어 책을 못 읽어 봤어요.

대화

프 엉: 유미 씨, 무이네에 잘 다녀왔어요?

유 미: 네. 진짜 좋았어요. 사막이 무척 아름답더라고요.
사막을 처음 봐서 정말 신기했어요.

프 엉: 좋았겠네요. 바다에도 갔어요?

유 미: 네. 서핑을 했는데 정말 재미있더라고요.
프엉 씨, 서핑해 봤어요?

프 엉: 아니요. 무서울 것 같아요.
그렇지만 한 번 해 보고 싶어요.

유 미: 그럼, 다음 휴가 때 우리 같이 파도 타러 가요.

- 무이네(Mui Ne)
- 아름답다
- 서핑, 파도타기
- 파도(를) 타다

- 다녀왔어요 [다녀와써요]
- 그렇지만[그러치만]

- 유미 씨는 '무이네'에서 무엇을 했습니까?
- 유미 씨와 프엉 씨는 다음 휴가에 무엇을 할 것 같습니까?

16 이 표를 어떻게 쓰는지 잘 모르겠어요

1 투안이 지금 어떤 상황인 것 같습니까?

2 일을 할 때 잘 모르면 어떻게 합니까?

학습 목표

- 사내 문서와 출장에 관련된 어휘를 이해하고 표현할 수 있다.
- 잘 모르는 일을 묻고 도움을 요청할 수 있다.

어휘: 사내 문서, 출장

문법: -(으)ㄴ지/는지, -게 되다

어휘 1

사내 문서

제안서	계약서	기획서	보고서
회의록	사유서	명세서	증명서

- A사는 B사가 제출한 **제안서**의 아이디어가 마음에 들었습니다.
- A사와 B사는 프로젝트 **계약서**를 쓰고 일을 시작했습니다.
- 프로젝트의 일정과 내용을 자세하게 정리한 **기획서**가 필요합니다.
- 프로젝트 결과를 **보고서**로 제출했습니다.
- 회의 내용을 모두 **회의록**에 적어야 합니다.
- 저는 오늘 회의에 참석할 수 없어서 **사유서**를 제출했습니다.
- 프로젝트에서 사용할 수 있는 비용은 예산 **명세서**에 있는 것과 같습니다.
- 경력 **증명서**를 보면 이전에 무슨 일을 했는지 알 수 있습니다.

아이디어(idea)
적다

어휘 2

출장

출장을 가다/떠나다	출장 중	출장을 다녀오다	출장 보고서
출장 기간	지방 출장	해외 출장	출장비

- 가: 투안 사원 있어요?
  나: 투안 씨는 어제 **지방 출장을 갔어요**.
- 가: 김 부장님이 **출장 중**입니다. 김 부장님 **출장 기간** 좀 알려 주세요.
  나: 일주일입니다.
- 가: **출장비**를 어떻게 청구해요?
  나: **출장 보고서**와 함께 영수증을 제출하세요.
- 김 부장님이 어제 한국으로 **출장을 떠났습니다**.
- 얼마 전에 호찌민으로 **출장을 다녀왔어요**.
- 가: 이번 **해외 출장**은 어디로 가요?
  나: 미국으로 갑니다.

> 청구하다

어휘 연습

1. 빈칸에 알맞은 말을 골라 문장을 완성하세요.

(1) 새로운 아이디어를 ______________ 에 써서 제출했습니다.

① 계약서　　② 제안서　　③ 사유서

(2) 월급이 맞는지 급여 ______________ 을/를 보면 알 수 있습니다.

① 사유서　　② 제안서　　③ 명세서

(3) 가: 과장님, 제가 직원 교육에 참석할 수 없을 것 같습니다.

나: 무슨 이유가 있나요? ______________ 을/를 제출하세요.

① 사유서　　② 기획서　　③ 보고서

(4) 가: 우리 회사는 경력 사원을 찾고 있습니다.

나: 여기 경력 ______________ 을/를 가지고 왔습니다.

① 기획서　　② 회의록　　③ 증명서

2. 그림을 보고 알맞은 말을 연결하세요.

(1) 

• • 출장비

(2) 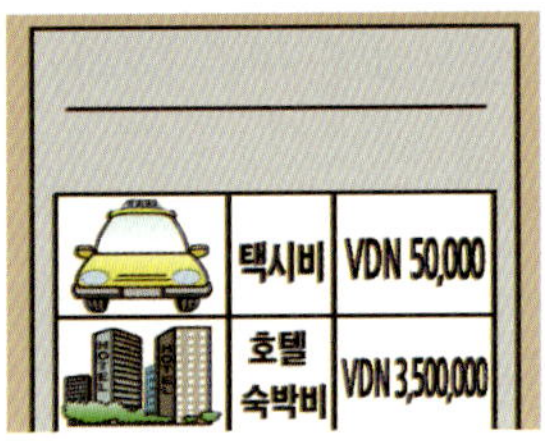

• • 출장 중

(3) 
• • 해외 출장

(4) 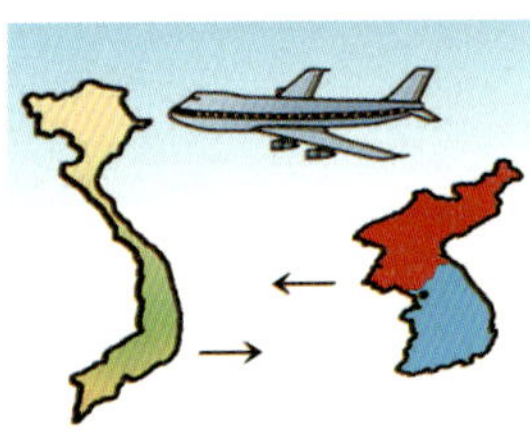
• • 출장 기간

문법1

-(으)ㄴ지/는지

(동사와 형용사에 붙어) 의문을 나타내며, 뒤에 오는 말이 주로 '알다, 모르다'와 같이 사실이나 판단과 관련되어 있다.

(Gắn với động từ và tính từ) Diễn đạt câu hỏi, động từ xuất hiện phái sau thường là động từ "biết (알다), không biết (모르다)" có liên quan đến sự thật hoặc phán đoán.

- 가: 저기, 복사기를 어떻게 사용하는지 아세요?
  나: 제가 알려 드릴게요.
- 가: 뭐가 제일 맛있는지 모르겠네요.
  나: 이거 어때요?
- 계산이 잘 맞는지 다시 확인했어요.
- 날씨가 어떤지 알아보세요.

형용사	받침 ○	-은지	작은지, 좋은지, *쉬운지, *어떤지
	받침 ×	-ㄴ지	비싼지, 아픈지, 깨끗한지, *먼지
	ㄹ 받침		
동사	받침 ○	-는지	먹는지, 씻는지, 듣는지 가는지, 보는지, *만드는지
	받침 ×		
	ㄹ 받침		

★ 명사와 결합하여 '인지/ㄴ지'로 사용한다.

Kết hợp với danh từ thì dùng '인지/ㄴ지'.

- 사무실이 몇 층인지 아세요?
- 저 사람이 우리 회사 직원인지 아닌지 모르겠어요.

★ 과거는 '-었는지/았는지' 사용한다.

Thời quá khứ thì dùng '-었는지/았는지'.

- 어제 누가 왔는지 알아요?
- 커피를 몇 잔 마셨는지 모르겠어요.
- 몇 시에 도착했는지 몰라요.

문법 연습1

1. [보기]와 같이 쓰세요.

[보기] 회의/언제/시작하다/알다 → 회의가 언제 시작하는지 아세요?

(1) 베트남/설날/뭘 먹다/알다

→ ?

(2) 출장비/보통/얼마/알다

→ ?

(3) 계약서/어떻게/쓰다/모르다

→ .

(4) 투안 씨/다음 주/어디/출장을 가다/알다

→ ?

(5) 우리/처음/어디에서/만나다/모르다

→ .

(6) 한국 사람/보통/무슨/선물/주고받다/모르다

→ .

(7) 아까/사무실/누가/오다/알다

→ ?

(8) 지난주/회의/누가/참석하다/알다

→ ?

문법2

-게 되다

(주로 동사에 붙어) 어떤 상황이 외부의 영향을 받아 어떠한 결과에 이르거나 상황이나 상태가 변화함을 나타낸다.

(Chủ yếu gắn với động từ) Thể hiện một tình huống nào đó chịu ảnh hưởng từ bên ngoài dẫn đến một kết quả nào đó hoặc tình huống hay trạng thái thay đổi.

- 가: 요즘 계속 이 노래만 듣네요.
  나: 네. 노래가 너무 좋아서 계속 듣게 돼요.
- 가: 네? 황 씨가 수지 씨 남자 친구예요?
  나: 네. 로안 씨가 소개해 줘서 만나게 됐고, 좋아하게 됐어요.
- 제가 우리 팀 대표로 노래 대회에 나가게 됐습니다.
- 소화가 잘 안 되니까 매운 것은 잘 안 먹게 됐어요.

받침 ○	-게 되다	먹게 되다, 듣게 되다, 살게 되다
받침 ×		만나게 되다, 좋아하게 되다, 나가게 되다

★ '-게 되다'는 외부적 상황 때문에 발생한 결과를 나타내므로 결과가 생긴 원인을 함께 말하는 경우가 많다.

"게 되다" nói đến kết quả phát sinh do tình huống bên ngoài nên có nhiều trường hợp nói luôn đến nguyên nhân phát sinh kết quả đó.

- 베트남 사람과 결혼해서 하노이에서 살게 됐어요.
- 세일을 하니까 저도 모르게 많이 사게 됐어요.

★ 주어가 의도하지 않고 우연히 발생한 상황이거나, 외부적 상황이 명시적이지 않은 상황에서도 사용할 수 있다.

Có thể dùng trong những tình huống như chủ ngữ không có ý đồ thực hiện mà việc đó lại phát sinh hoặc không thấy rõ tình huống bên ngoài.

- 짱 씨를 만나게 돼서 다행이에요.
- 이 시간에 전화 드리게 돼서 죄송합니다.

문법 연습2

1. [보기]와 같이 연결하고 쓰세요.

[보기]

자주 만나다 •	• 여러 번 보다
(1) 외국 사람과 결혼하다 •	• 회의 시간에 졸다
(2) 영화가 아주 재미있다 •	• 요리를 잘하다
(3) 날씨가 추워지다 •	• 외국에서 살다
(4) 요리를 좋아하다 •	• 좋아하다
(5) 며칠 잠을 못 자다 •	• 밖에 안 나가다

[보기] 자주 만나니까 좋아하게 됐어요

(1) ______________________________.

(2) ______________________________.

(3) ______________________________.

(4) ______________________________.

(5) ______________________________.

대화

정세아: 투안 씨, 왜 아직 퇴근 안 했어요? 일이 많아요?

투 안: 내일까지 출장 보고서를 내야 해요. 그런데 이 표를 어떻게 쓰는지 잘 모르겠어요.

정세아: 어디 봐요. 아, 그 표에는 출장 가서 어디를 방문했는지 순서대로 쓰면 돼요.

투 안: 제가 출장 때 방문한 회사를 전부 쓰는 거예요?

정세아: 네, 맞아요. 같이 방문한 사람과 청구할 출장비도 그 옆에 쓰고요.

투 안: 아, 그래요? 이제 대리님 덕분에 퇴근할 수 있게 되었어요. 감사합니다.

- 방문하다
- 순서대로
- 전부
- 청구하다
- 이제
- 어디 봐요
- … 덕분에
- -비
  출장비, 교통비, 생활비, 구입비, 통신비

• 투안은 무엇을 잘 모릅니까?

• 출장 보고서에 들어가야 할 내용은 무엇입니까?

17 안전 장갑을 껴야 하잖아요

1 이 사람들은 무엇을 하고 있습니까?

2 일을 할 때 가장 중요한 것이 무엇이라고 생각합니까?

학습 목표

- 안전에 대한 어휘를 알고 사용할 수 있다.
- 상황을 확인시키는 표현과 이유나 원인을 말하는 표현을 사용할 수 있다.

어휘: 안전 복장, 위험 상황

문법: -잖아요, -기 때문에

어휘 1

안전 복장

안전 복장

보호복

안전모

안전 장갑

안전화

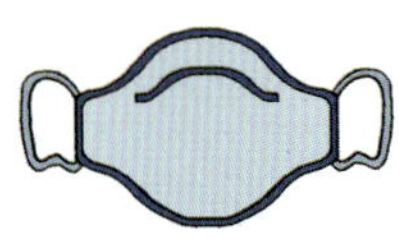

마스크

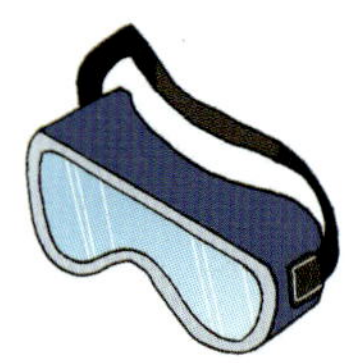

보안경

귀마개

- 작업장에 가기 전에 **안전 복장**을 갖춰야 합니다.
- **보호복**은 일을 할 때 몸을 보호해 주는 옷입니다.
- **안전모**를 쓰면 외부 충격에서 머리를 보호할 수 있습니다.
- 작업을 시작하기 전에 **안전 장갑**을 껴야 합니다.
- 무거운 물건이 떨어졌지만 **안전화**를 신어서 다치지 않았습니다.
- **마스크**를 쓰면 조금 답답하지만 안전을 위해 꼭 씁니다.
- **보안경**을 쓰지 않으면 눈을 다칠 수 있습니다.
- 시끄러운 작업을 할 때는 반드시 **귀마개**를 착용해야 합니다.

- 갖추다
- 외부
- 충격
- 답답하다
- 시끄럽다
- 착용하다

어휘 2

위험 상황

미끄러지다

떨어지다

넘어지다

부딪히다

찔리다

끼이다

데다

베이다

- 바닥에 물이 있는지 모르고 뛰어서 **미끄러졌어요**.
- 잠깐 장난을 쳤는데 계단 아래로 **떨어졌어요**.
- 계단에서 **넘어져서** 무릎을 다쳤어요.
- 앞을 잘 안 보고 가다가 기둥에 **부딪혔어요**.
- 날카로운 기계에 손가락을 **찔려서** 병원에 갔어요.
- 기계 사이에 손이 **끼이지** 않게 항상 조심해야 합니다.
- 뜨거운 물에 손을 **데었을** 때는 빨리 찬물에 담가야 합니다.
- 칼에 손을 **베여서** 사내 양호실에 갔어요.

- 바닥
- 장난을 치다
- 아래
- 무릎
- 날카롭다

어휘 연습

1. [보기]와 같이 연결하세요.

[보기]

• 안전화

(1)

• 보안경

(2)

• 귀마개

(3)

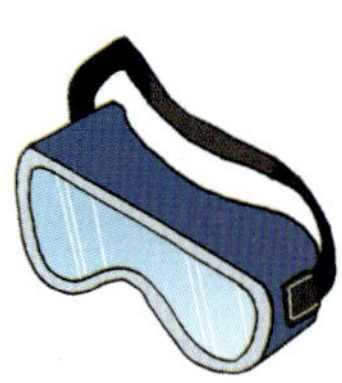

• 안전모

(4)

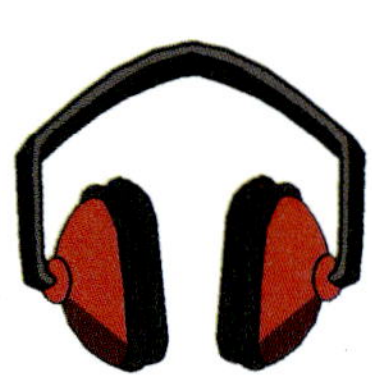

• 보호복

2. [보기]와 같이 알맞은 말을 골라 쓰세요.

미끄러지다 넘어지다 부딪히다 찔리다 데다 베이다

[보기]

찔렸어요.

(1)

(2)

(3)

(4)

(5)

문법1

-잖아요

(동사, 형용사, '이다, 아니다'에 붙어) 말하는 사람이 듣는 사람에게 어떤 상황을 확인시키거나 그 상황을 고쳐 주려는 듯한 의도를 가질 때 사용한다. '-지 않다'가 줄어든 표현이었지만 그 의미가 변하여 독립된 종결어미로 쓰인다. 주로 구어에서 쓰인다.

(Gắn với động từ hoặc tính từ, là (이다), không là (아니다)) Dùng khi người nói bảo người nghe xác nhận một tình huống nào đó hoặc người nói có ý định sửa chữa tình huống đó. "- 지 않다" là một biểu hiện được rút gọn nhưng ý nghĩa của nó lại thay đổi và nó được dùng làm đuôi câu kết thúc độc lập. Nó thường được dùng trong văn nói.

- 가: 케이크를 샀네요. 오늘 무슨 일 있어요?
  나: 오늘이 투안 씨 생일이잖아요.
- 가: 짱 씨, 한국어를 정말 잘하네요. 한국 사람 같아요.
  나: 제가 5년 동안 한국어를 공부했잖아요.
- 프엉 씨는 이번 주에 휴가를 갔잖아요.
- 안전이 제일 중요하잖아요.

받침 ○	-잖아요	먹잖아요, 읽잖아요, 있잖아요, 맛있잖아요, 높잖아요
받침 ×		가잖아요, 주잖아요, 마시잖아요, 신기하잖아요, 예쁘잖아요

★ '-잖아요'는 격식체 '-잖습니다'로 나타나지 않는다.

Đuôi câu '-잖아요' không dùng dưới dạng đuôi câu nói trang trọng '-잖습니다'.

- 유미 씨가 승진했잖아요. (○)
- 유미 씨가 승진했잖습니다. (×)

★ 미래·추측 '-겠-'은 '-잖아'와 결합하지 않는다.

Đuôi thời tương lai, dự đoán '-겠-' không kết hợp với đuôi câu '-잖아'.

- 내일 회사에 지각하겠잖아요. (×)
- 다음 주에 휴가를 가겠잖아요. (×)

문법 연습1

1. [보기]와 같이 쓰세요.

[보기]	내일/기태 씨/생일 → 내일이 기태 씨 생일이잖아요.

(1) 유미 씨/오이/안 먹다

→ ______.

(2) 어제/부장님/말씀하시다

→ ______.

(3) 베트남 음식/유명하다

→ ______.

(4) 한국 드라마/인기가 많다

→ ______.

2. [보기]와 같이 대화를 완성하세요.

[보기] 가: 야유회가 언제지요?
나: 이번 주 토요일이잖아요. (이번 주 토요일)

(1) 가: 유미 씨가 오늘 늦네요.
나: ______. (유미 씨/여행)

(2) 가: 사람들이 왜 그 가수를 좋아해요?
나: 그 가수가 ______. (노래/춤)

(3) 가: 제 가위가 어디 있는지 알아요?
나: ______. (진수 씨 책상 위)

(4) 가: 투안 씨가 노래를 정말 잘 부르네요.
나: ______. (장기 자랑/1등)

문법2

-기 때문에

(동사나 형용사, '이다, 아니다' 에 붙어) 앞 절이 뒤 절의 이유나 원인이 됨을 나타낸다.

(Gắn với động từ hoặc tính từ, " là"(이다), "không phải là" (아니다)) Thể hiện vế trước trở thành lý do hay nguyên nhân của vế sau.

- 가: 왜 오늘 회사에 안 갔어요?
  나: 오늘 휴가이기 때문에 회사에 안 갔어요.
- 가: 왜 아직 회사에 있어요?
  나: 내일까지 보고서를 내야 되기 때문에 아직 퇴근을 못 했어요.
- 이 식당은 맛있기 때문에 항상 사람이 많아요.
- 한국 회사에서 일하기 때문에 한국어를 공부하고 있어요.

받침 ○	-기 때문에	찾기 때문에, 좋기 때문에, 살기 때문에, 읽기 때문에, 높기 때문에, 맛있기 때문에
받침 ×		사기 때문에, 예쁘기 때문에, 의사이기 때문에, 주기 때문에, 아니기 때문에

★ 앞 절과 뒤 절의 시제가 같거나 달라도 된다.

Thì của vế trước và vế sau giống nhau hay khác nhau đều được.

- 이 가게에서 항상 선물을 주기 때문에 오늘도 사람이 많아요.
- 이 가게에서 항상 선물을 주기 때문에 어제도 사람이 많았어요.
- 이 가게에서 어제 선물을 줬기 때문에 오늘도 사람이 많아요.
- 이 가게에서 어제 선물을 줬기 때문에 사람이 많았어요.

★ 뒤 절에 청유문이나 명령문이 올 수 없다.

Vế sau không thể dùng đuôi câu cầu khiến hoặc đuôi câu mệnh lệnh.

- 배가 고프기 때문에 밥을 먹읍시다/먹을래요?/먹을까요? (×)
- 배가 고프기 때문에 밥을 먹어라/먹어/먹어요. (×)

문법 연습2

1. [보기]와 같이 쓰세요.

[보기] 비/오다/공원/못 가다 → 비가 오기 때문에 공원에 못 가요.

(1) 바닥/미끄럽다/뛰다/안 되다 → ______________________.

(2) 내일/휴일이다/늦잠을 자다 → ______________________.

(3) 수업이 있다/주말에 못 만나다 → ______________________.

(4) 그 식당/사람이 많다/꼭 예약해야 되다

→ ______________________.

2. [보기]와 같이 대화를 완성하세요.

[보기] 가: 왜 이렇게 일찍 출발해요?

나: 지금 차가 막히기 때문에 일찍 출발해야 돼요. (지금/차가 막히다)

(1) 가: 왜 김치를 안 먹어요?

나: ______________________. (김치/맵다)

(2) 가: 왜 백화점에 안 가고 전자상가에 가요?

나: ______________________. (백화점/비싸다)

(3) 가: 안전모를 꼭 써야 해요?

나: 네, ______________________. (머리/보호하다)

(4) 가: 기태 씨가 오늘 왜 결근했어요?

나: ______________________. (독감/걸리다)

대화

서진수: 잠깐만요! 짱 씨! 안전 장갑은 어디에 있어요?

짱: 호주머니 안에…. 아, 탈의실에 두고 온 것 같아요.

서진수: 작업장에 들어오기 전에 안전 장갑을 껴야 하잖아요. 알고 있지요?

짱: 죄송합니다. 앞으로는 주의하겠습니다.

서진수: 작업장에서는 위험한 일이 생길 수 있기 때문에 늘 안전 수칙을 지켜야 해요.

짱: 네, 알겠습니다. 다시 탈의실에 다녀오겠습니다.

- 잠깐만요
- 호주머니
- 안전 수칙
- 지키다

- 짱 씨의 안전 장갑은 어디에 있습니까?
- 서진수 씨가 짱 씨에게 뭐라고 말했습니까?

18 화재가 나지 않도록 미리 조심해야겠어요

1 위에 있는 그림을 설명해 보세요.

2 여러분은 화재 사고를 경험한 적이 있습니까?

학습 목표

- 안전과 관련한 어휘를 알고 이야기할 수 있다.
- 목적과 의지를 나타내는 문법을 이해하고 사용할 수 있다.

어휘: 화재, 안전사고

문법: -도록, -어야겠다/아야겠다

어휘 1

화재

대피

비상벨

비상구

소화기

화재 신고

소방서

스프링클러

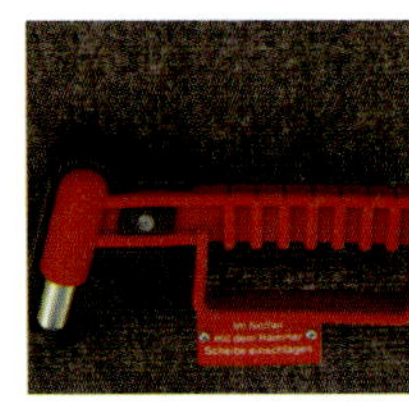

비상 망치

- **비상벨**이 울리면 낮은 자세로 **대피**해야 합니다.
- **비상구**에는 아무 물건도 놓아두지 마세요.
- 모든 건물 통로와 사무실에 **소화기**가 있어야 합니다.
- 불이 나면 114에 전화해서 **화재 신고**를 하세요.
- 화재 신고를 받으면 **소방서**에서 출동할 것입니다.
- 사무실마다 **스프링클러**가 있어서 불이 나면 물이 나옵니다.
- 문으로 대피할 수 없으면, **비상 망치**로 창문을 깨고 대피하세요.

- 낮은 자세
- 출동하다
- 깨다

어휘 2

안전사고

감전

가스 누출

폭발

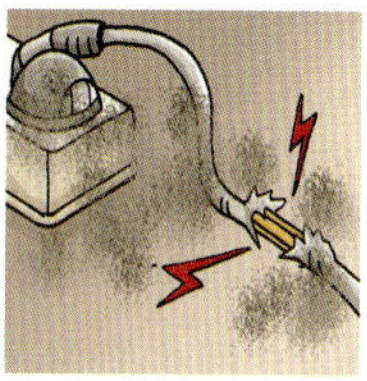

누전

추락

낙하

화상

충돌

- 젖은 손으로 전기 기구를 만지면 **감전**될 수 있습니다.
- **가스 누출**이 되지 않도록 작업 후에 밸브를 잘 잠그세요.
  조심하지 않으면 **폭발** 사고가 일어날 수 있습니다.
- 멀티탭에 다시 멀티탭을 꽂으면 **누전**이 될 수 있어요.
- 이번 달에 높은 곳에서 미끄러져서 **추락**하는 사고가 한 건,
  벽돌이 떨어져서 머리에 맞은 **낙하** 사고가 한 건 있었습니다.
- 작년에 옆 공장에 화재가 나서 많은 사람이 **화상**을 입었습니다.
- 지게차와 **충돌**하지 않도록 항상 조심하세요.

- 젖은 손
- 전기 기구
- 밸브
- 멀티탭
- 벽돌
- 지게차

어휘 연습

1. [보기]에서 알맞은 말을 골라 다음 문장을 완성하세요.

[보기]	비상벨 화재 신고 소화기 비상 망치

(1) 불이 나면 빨리 ______ 을/를 해야 합니다. 베트남에서는 114, 한국에서는 119로 전화하면 됩니다.

(2) 문 옆에 ______ 이/가 있습니다. 안전핀을 뽑고 불이 난 쪽으로 뿌리세요.

(3) ______ 이/가 울리면 일을 멈추고 비상구를 통해서 밖으로 나가세요.

(4) 비상 상황에서는 ______ 로/으로 창문을 깨고 대피하세요.

2. [보기]와 같이 연결하세요.

[보기]		•	• 충돌
(1)		•	• 감전
(2)		•	• 추락
(3)		•	• 화상
(4)		•	• 폭발

문법1

-도록

(동사와 일부 형용사에 붙어) 뒤에 나오는 행위에 대한 목적을 나타낼 때 사용한다.

(Gắn vào động từ và một số tính từ) Dùng khi nói mục đích của hành vi xuất hiện phía sau.

- 가: 뭘 그렇게 열심히 적고 있어요?
  나: 회의 시간을 잊지 않도록 수첩에 쓰고 있습니다.
- 가: 올해 영업 목표를 달성할 수 있도록 최선을 다하겠습니다.
  나: 그래요. 올해에도 열심히 해 봅시다.
- 직원들이 더 편하게 쉬도록 휴게실에 소파를 설치했습니다.
- 화재가 발생하지 않도록 잘 관리해야 합니다.

받침 ○	-도록	먹도록, 읽도록, 있도록, 돕도록, 받도록
받침 ×		가도록, 주도록, 마시도록, 만나도록, 보도록

★ '-도록'은 문어나 공적인 상황에서 주로 많이 쓰이고, 목적을 나타내는 '-게'는 문어와 구어에 두루 많이 사용한다.

'-도록' được dùng nhiều chủ yếu là trong văn viết hoặc tình huống có tính chất công cộng. '-게' thể hiện mục đích, được dùng nhiều trong cả văn nói và văn viết.

★ 일반적으로 형용사와는 결합하지 않으나 일부 형용사와는 결합할 수 있다.

Thông thường không kết hợp với tính từ nhưng có một số tính từ có thể kết hợp được.

- 밤에도 주차가 가능하도록 가로등을 설치할 것입니다. (○)
- 이 한국 식당 비빔밥은 전주 현지의 비빔밥에 가깝도록 만듭니다. (○)

★ 과거 '-었-', 미래·추측의 '-겠-'과 결합하지 않는다.

Không dùng với thì quá khứ '-었-' và thì tương lai, dự đoán '-겠-'.

- 늦지 않도록 일찍 출발했어요. (○)
- 늦지 않았도록 일찍 출발했어요. (×)
- 늦지 않겠도록 일찍 출발할 거예요. (×)

문법 연습1

1. [보기]와 같이 쓰세요.

[보기]	꽃/잘 자라다/물/주다 → 꽃이 잘 자라도록 물을 줬어요.

(1) 기계/고장 나지 않다/조심하다

→ ______________________.

(2) 좋은 결과/얻다/노력하다

→ ______________________.

(3) 실수하지 않다/프레젠테이션/잘 준비하다

→ ______________________.

(4) 아침/일찍 일어날 수 있다/일찍 자다

→ ______________________.

2. [보기]와 같이 대화를 완성하세요.

[보기]	가: 이번 신제품을 어떻게 홍보할까요? 나: 많은 사람들이 보도록 TV 광고를 하는 게 어때요?

(1) 가: 내일 회의가 아침 일찍 있어요.

나: ____________ 조심해야겠네요.

(2) 가: 복사기가 지금 고장 났으니까 사용하면 안 돼요.

나: 다른 사람들이 모두 ____________ 안내문을 붙여야겠어요.

(3) 가: 중요한 서류니까 잘 보관하세요.

나: 네, ____________ 잘 보관하겠습니다.

(4) 가: 야유회 도시락을 얼마나 준비할까요?

나: 모두 충분히 ____________ 넉넉하게 준비하세요.

문법2

-어야겠다/아야겠다

(동사에 붙어) 말하는 사람이 어떠한 행위를 할 것이라는 강한 의지를 나타낼 때 사용한다. 주로 구어에서 사용한다.

(Gắn với động từ) Dùng khi người nói thể hiện ý chí mạnh mẽ sẽ làm một hành vi nào đó. Chủ yếu dùng trong văn nói.

- 가: 이번 휴가에 가족 여행을 다녀왔는데 정말 좋았어요.
  나: 그래요? 저도 내년 휴가에는 꼭 가족 여행을 가야겠어요.
- 가: 부장님이 왜 부르셨어요?
  나: 결재 서류에 숫자가 틀렸어요. 다음부터는 다시 한 번 확인해야겠어요.
- 주말에 이 책을 다 읽어야겠어요.
- 올해에는 건강을 위해서 열심히 운동을 해야겠어요.

ㅏ, ㅗ	-아야겠다	와야겠다, 가야겠다, 만나야겠다, 일어나야겠다, 찾아야겠다
ㅏ, ㅗ 이외	-어야겠다	먹어야겠다, 입어야겠다, 배워야겠다, *들어야겠다, *누워야겠다
-하다	-해야겠다	공부해야겠다, 전화해야겠다, 청소해야겠다, 여행해야겠다, 노력해야겠다

★ '꼭/반드시 -어야겠어요'의 구성으로 주로 사용한다.

Chủ yếu dùng dưới dạng cấu trúc 꼭/반드시 -어야겠어요' (nhất định phải ~)

- 부산 바다가 멋있다는데, 이번 여름에는 꼭 가야겠어요.
- 이번 시험에는 반드시 제가 1등을 해야겠어요.
- 밖에 비가 많이 오니 우산을 꼭 가져가야겠어요.

문법 연습2

1. [보기]와 같이 쓰세요.

[보기]	내일/일찍 출근하다 → 내일 일찍 출근해야겠어요.

(1) 그 영화/꼭 보다 → ______.

(2) 춥다/따뜻하게 입다 → ______.

(3) 빨리/회의/준비하다 → ______?

(4) 불량 제품/모두 확인하다 → ______.

2. [보기]와 같이 대화를 완성하세요.

[보기] 가: 김 대리님이 너무 바빠 보여요.
나: 그래요? 제가 좀 도와야겠어요.

(1) 가: 프엉 씨, 어디 아파요?
나: 네, 머리가 너무 아파서 좀 ______.

(2) 가: 약속 시간에 늦겠어요.
나: 그래요? 그럼 택시를 ______.

(3) 가: 저녁을 먹었으니까 노래방에 갈까요?
나: 죄송해요. 저는 피곤해서 먼저 ______.

(4) 가: 다음 주 월요일이 한국어 시험이지요?
나: 네, 이번 주말에는 열심히 ______.

대화

김재호: 프엉 씨, 화재 대피 훈련은 처음 해 봤지요?

프 엉: 네. 갑자기 비상벨이 울려서 놀랐어요.

김재호: 혹시라도 화재가 나면 잘 대피할 수 있도록 미리 연습하는 거예요.

프 엉: 아까는 정말 무서웠어요. 화재가 나지 않도록 미리 조심해야겠어요.

김재호: 그런데 아까 보니까 비상구에 우리 팀 짐이 있더라고요.

프 엉: 비품실이 좁아서 통로에 뒀는데 지금 바로 치워야겠어요.

- 대피 훈련
- 비상벨이 울리다
- 혹시라도
- 비상구
- 통로
- 두다
- 치우다

- 훈련[훌련]
- 나지 않도록 [나지안토록]

- 화재 대피 훈련은 무엇입니까?
- 프엉은 무엇을 하겠습니까?

19 지금 자리에 안 계십니다

1 투안이 무엇을 하고 있습니까?

2 그림을 보세요. 무슨 말을 할 수 있습니까?

3 한국 사람과 전화를 해 봤어요? 전화할 때 기분이 어떻습니까?

학습 목표

- 전화와 관련된 표현을 익히고 사용할 수 있다
- 윗사람의 상황이나 행동을 높여서 표현할 수 있다.

어휘: 전화, 전화 표현[1]

문법: -(으)시-, 께서, 께

전화

국제 전화	전화(를) 하다	전화를 걸다	전화(를) 받다
전화를 끊다	전화를 바꿔 주다	통화하다	연결 중, 통화 중, 부재중
전화가 오다	전화가 끊기다	문자를 보내다	문자를 받다

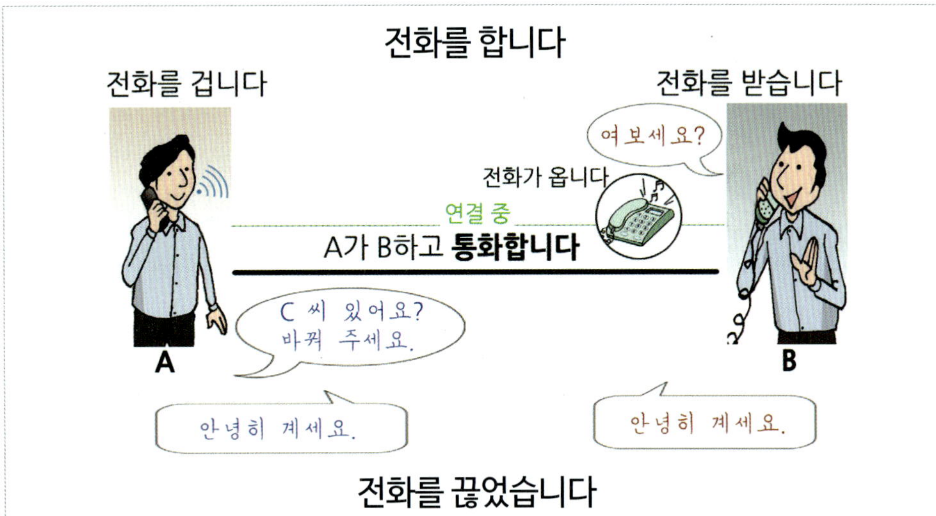

문자를 보냅니다

문자를 받습니다

어휘 2

전화 표현[1]

전화를 걸었을 때

- 여보세요. 저는 한국 건설 고채윤 과장인데요.
- 담당자와 통화할 수 있을까요?
- 문의 좀 하려고 전화 드렸습니다.
- …씨 좀 부탁합니다.
- …씨 좀 바꿔 주세요.

전화를 받았을 때

-안녕하십니까? 베한전자 영업팀의 투안입니다.
- 네. 제가 투안입니다.
- 잠깐만 기다려 주세요.
- 끊지 말고 기다려 주세요.
- …씨 연결해 드리겠습니다.
- …씨는 방금 나갔습니다.

어휘 연습

1. [보기]와 같이 연결하세요.

[보기]

전화를 걸어요. •

(1) 전화를 끊어요. •

(2) 문자를 보내요. •

(3) 전화를 받아요. •

(4) 연결 중이에요. •

2. [보기]와 같이 알맞은 말을 골라 쓰세요.

통화 중이에요	네. 제가 투안입니다
잠깐만 기다려 주세요	정 대리님 좀 바꿔 주세요

[보기]
가: 유미 씨하고 통화했어요?
나: 아니요. 통화 중이에요.

(1) 가: 여보세요? 투안 씨 계세요?
나: __________.

(2) 가: __________.
나: 정 대리님은 지금 자리에 안 계세요.

(3) 가: 김 부장님 좀 부탁합니다.
나: __________.

문법1

-(으)시-

(동사나 형용사, '이다, 아니다'에 붙어) 문장 안에 등장하는 주어를 높여서 주어의 행위나 상태를 존대함을 나타낼 때 사용한다.

(Gắn vào động từ hoặc tính từ, 'là (이다), không phải là (아니다)' Dùng khi muốn để cao chủ ngữ xuất hiện trong câu, thể hiện sự kính trọng với hành vi hoặc trạng thái của chủ ngữ.

- 가: 정 대리님 계세요?
  나: 네. 지금 과장님과 이야기 중이세요.
- 가: 이거 직접 만들었어요? 맛있네요.
  나: 어머니가 만드셨어요. 요리를 잘하세요.
- 어머니가 출장을 가십니다.
- 아버지가 키가 크세요. 어머니는 작으세요.

받침 ○	-으시-	작으세요, 읽으십니다, *들으세요, *귀여우세요, *만드십니다, *어떠세요
받침 ×	-시-	크세요, 되세요, 잘하십니다, 계십니다
이다	이시-	통화 중이세요, 선생님이세요, 가수십니다
	시-	
아니다	아니시-	담당자가 아니세요, 의사가 아니십니다

★ 과거는 '-(으)셨어요/-(으)셨습니다'로, 미래는 '-(으)실 거예요/-(으)실 겁니다'로 쓴다.

Thời quá khứ dùng '-(으)셨어요/-(으)셨습니다', thời tương lai dùng '-(으)실 거예요/-(으)실 겁니다'.

- 과장님이 전화하셨어요/전화하셨습니다.
- 과장님이 전화하실 거예요/전화하실 겁니다.

★ 높임을 나타낼 때 어휘의 형태가 완전히 변화하는 경우도 있다.

Khi muốn nói kính ngữ, có trường hợp hình thái của từ dùng được thay đổi hoàn toàn.

- 있다 → 계시다
- 먹다 → 드시다 / 잡수시다
- 아프다 → 편찮으시다
- 자다 → 주무시다
- 죽다 → 돌아가시다

문법 연습1

1. [보기]와 같이 쓰세요.

[보기]	앉다 → 앉으세요 / 앉으십니다

(1) 좋아하다 → ______________________.

(2) 잘하다 → ______________________.

(3) 회장님이다 → ______________________.

(4) 걷다 → ______________________.

(5) 만들다 → ______________________.

2. [보기]와 같이 대화를 완성하세요.

[보기]	가: 휴가 때 어디 가세요? 나: 고향에 가요.

(1) 가: 프엉 씨, 집에서 요리를 자주 ______________?
나: 평일에는 잘 안 하고, 주말에는 자주 해요.

(2) 가: 무슨 영화를 ______________?
나: 공포 영화를 좋아해요.

(3) 가: 언제부터 한국어를 ______________?
나: 작년에 배우기 시작했어요.

(4) 가: 대리님, 메일 ______________?
나: 네. 한 시간 전쯤에 보냈어요.

(5) 가: 김 과장님이 어디에 ______________?
나: 아까 사무실에 ______________.

문법2

께서

(명사에 붙어) 어떤 행위를 하는 사람 또는 어떤 상태의 주체가 되는 사람이 높은 사람임을 나타낸다. 문장의 주어가 화자보다 높은 사람임을 나타낼 때 사용한다.

(Gắn với danh từ) Thể hiện người đang làm một hành vi nào đó hoặc người trở thành chủ thể của một trạng thái nào đó là người có chức vị cao. Dùng khi chủ ngữ của câu có vị trí cao hơn người nói.

- 가: 할아버지 좀 바꿔 주세요.
  나: 할아버지께서 지금 요리하고 계세요.
- 가: 누가 발표하세요?
  나: 김 과장님께서 하실 거예요.
- 부모님께서 호찌민에 살고 계세요.
- 이모님께서 우리 집에 오셨어요. 이모님께서 우리에게 선물을 주셨어요.

받침 ○	께서	부모님께서, 선생님께서, 어르신께서
받침 ×		할어버지께서, 할머니께서, 아버지께서, 어머니께서

문법3

께

(명사에 붙어) 어떤 행위의 영향을 받는 사람임을 나타낸다. 화자보다 나이나 지위가 높은 사람 뒤에 결합하여 대상에 대한 높임을 표현할 때 사용한다.

(Gắn với danh từ) Thể hiện đây là người đang chịu ảnh hưởng của hành vi nào đó. Dùng khi để cao đối tượng kết hợp sau người có tuổi tác hoặc địa vị cao hơn người nói.

- 부모님께 회사 이야기를 합니다.
- 어머니께 선물을 드렸어요.
- 부장님께 말씀드릴 거예요.

<table>
<tr><th>께서</th><th>께</th></tr>
<tr><td colspan="2">명사 뒤에 붙어서 높임의 의미를 나타낸다.
Gắn vào sau danh từ thể hiện ý nghĩa để cao</td></tr>
<tr><td>'이/가' - '께서'
문장의 주어
chủ ngữ của câu văn</td><td>'한테/에게' - '께'
행위의 영향을 받는 사람
Người đang chịu ảnh hưởng của hành vi</td></tr>
</table>

문법 연습

1. [보기]와 같이 바꾸세요.

[보기] 동생이 키가 큽니다. → 할아버지께서 키가 크십니다.

(1) 친구가 영화를 좋아합니다.

→ 아버지 ____________________.

(2) 여동생이 한국 드라마를 봅니다.

→ 어머니 ____________________.

(3) 남동생이 노래를 잘합니다.

→ 부장님 ____________________.

(4) 프엉 씨한테 선물을 줬습니다.

→ 부모님 ____________________.

2. [보기]와 같이 쓰세요.

[보기]

어머니께서 책을 읽으세요.

(1) 할아버지 ____ ____.

(2) 선생님 ____ 한국어를 ____.

(3) 어머니 ____ 저 ____ 음식을 만들어 ____.

(4) 제 ____ 할머니 ____ 전화를 ____.

대화

투 안: 안녕하십니까? 영업팀 투안입니다.

고채윤: 여보세요? 한국 건설 고채윤 부장입니다.
김 부장님 계십니까?

투 안: 지금 자리에 안 계십니다.
오전부터 회의하러 가셔서 부재중이신데요.

고채윤: 실례지만 몇 시쯤 회의가 끝날까요?
꼭 통화를 하고 싶은데요.

투 안: 두 시간 후면 마칠 것 같습니다. 회의가 끝나면
제가 부장님께 말씀드리겠습니다.

고채윤: 그렇게 해 주시면 감사하겠습니다.

- 마치다
- 실례지만,
- 실례합니다만,
- -어/아 주시면 감사하겠습니다.

- 그렇게[그러케]

- 누가 누구한테 전화했습니까?
- 고채윤 부장은 김 부장하고 통화했습니까?

20 이따가 다시 전화한다고 전해 주세요

1 프엉이 유미와 김 부장에게 무슨 질문을 합니까?

2 프엉이 질문할 때 사용하는 말이 왜 다릅니까?

학습 목표

- 상대를 높이는 말을 이해하고 표현할 수 있다.
- 다른 사람에게 들은 말을 전달할 수 있다.

어휘: 높임 어휘, 전화 표현[2]

문법: -다고 하다[1]

어휘 1

높임 어휘

성함	연세	댁	생신
분	드시다/ 잡수시다	주무시다	말씀하시다
드리다	여쭙다	편찮으시다	돌아가시다

- 손님, **성함**을 **말씀해** 주세요.
- 저희 할아버지 **연세**가 82세이십니다.
- 부모님 **댁**이 어디세요?
- 내일이 어머니 **생신**이에요.
- 가족이 모두 몇 **분**이세요?
- 어머니가 비빔밥을 잘 **드세요**.
- 할머니께서 지금 **주무세요**.
- 사장님이 직원들에게 **말씀하셨습니다**.
- 아버지께 선물을 **드리려고** 해요.
- 잘 모르면 부장님께 **여쭤** 보세요.
- 이모님께서 **편찮으셔서** 병원에 계세요.
- 할아버지께서는 제가 어렸을 때 **돌아가셨어요**.

⊗ 저희

어휘 2

전화 표현[2]

메모 좀 남겨 주세요	메모 남기시겠습니까?	메모 전해 드리겠습니다	다시 전화 주시겠습니까?
잘 안 들리는데요	다음에 전화 드려도 될까요?	제가 다시 전화 걸겠습니다	다시 전화 드리겠습니다
죄송하지만 지금은 통화가 어렵습니다	기다리시게 해서 죄송합니다	기다려 주셔서 감사합니다	무슨 일이신가요?

- 가: 지금 김 부장님은 안 계시는데요.
  나: 그럼, **메모 좀 남겨 주세요**.
- 가: 김 부장님은 회의에 들어가셨습니다. **메모 남기시면 전해 드리겠습니다**.
  나: 그러면 **제가 다시 전화 걸겠습니다**.
- 가: 저기요. **잘 안 들리는데요**.
  나: **제가 다시 전화 드리겠습니다**.
- 가: 여보세요. **기다려 주셔서 감사합니다. 무슨 일이신가요?**
  나: 네. 제품에 이상이 있어서 문의하려고요.
- 가: **죄송하지만 지금은 통화가 어렵습니다. 잠시 후에 제가 전화 드려도 될까요?**
  나: 네. 그렇게 해 주세요.

어휘 연습

1. [보기]에서 알맞은 말을 골라 다음 문장을 완성하세요.

[보기]	분 댁 드시다 여쭙다 말씀하시다

(1) 가: 회의에 몇 ______ 이/가 참석하세요?
　 나: 모두 다섯 ______ 입니다.

(2) 가: ______ 이/가 어디세요?
　 나: 회사 근처예요.

(3) 가: 대리님이 아까 불량이 몇 건이라고 ______ ?
　 나: 네 건이에요.

(4) 가: 과장님, 맛있게 ______ ?
　 나: 네. 처음 먹어 보는데 아주 맛있네요.

(5) 가: 보고서를 쓰는데 잘 모르겠어요.
　 나: 정 대리님께 ______ .

2. [보기]에서 알맞은 말을 골라 다음 문장을 완성하세요.

[보기]
잘 안 들리는데요 메모 좀 남겨 주세요
기다려 주셔서 감사합니다 잠시 후에 다시 전화 드려도 될까요

(1) 가: 김 부장님은 지금 안 계시는데요.

나: 그럼 ______________________.

(2) 가: 오랫동안 ______________________. 무슨 일이신가요?
나: 제품 사용법을 잘 몰라서요.

(3) 가: 여보세요? 여보세요? ______________________.
나: 제가 다시 전화 드리겠습니다.

(4) 가: 죄송하지만 ______________________?
나: 그러세요. 기다리겠습니다.

문법1

-다고 하다[1]

(형용사, 동사에 붙어) 다른 사람에게서 들은 내용을 옮겨 말할 때 사용한다.

(Gắn với động từ, tính từ) Dùng khi nói với người khác về nội dung mình đã nghe được.

- 가: 유미 씨, 기태 씨도 파티에 오는지 알아요?
  나: 아마 못 올 거예요. 기태 씨한테 물어봤는데 바쁘다고 해요.
- 가: 버스가 몇 시에 출발해요?
  나: 9시에 출발한다고 해요.
- 짱 씨가 한국어가 어렵다고 말했어요.
- 투안 씨가 주말마다 한국 음식을 만들어 먹는다고 해요.

<table>
<tr><td rowspan="3">동사</td><td>받침 ○</td><td>-는다고 하다</td><td>먹는다고 하다, 닫는다고 하다,
읽는다고 하다, 듣는다고 하다</td></tr>
<tr><td>받침 ×</td><td rowspan="2">-ㄴ다고 하다</td><td rowspan="2">간다고 하다, 만난다고 하다,
마신다고 하다, 배운다고 하다,
좋아한다고 하다, *산다고 하다</td></tr>
<tr><td>ㄹ 받침</td></tr>
<tr><td colspan="2">형용사</td><td>-다고 하다</td><td>좋다고 하다, 많다고 하다, 예쁘다고 하다,
있다고 하다, 아프다고 하다, 어렵다고 하다</td></tr>
</table>

★ 명사에는 '(이)라고 하다'가 붙는다.

Với danh từ thì dùng '(이)라고 하다'.

- 저는 미영이라고 합니다.
- 저 사람은 유명한 배우라고 해요.

명사	받침 ○	이라고 하다	회사원이라고 하다, 부장이라고 하다
	받침 ×	라고 하다	의사라고 하다, 아버지라고 하다
	이/가 아니라고 하다		회의실이 아니라고 하다, 자료가 아니라고 하다

문법 연습1

1. [보기]와 같이 쓰세요.

[보기]

프엉 씨가 날씨가 좋다고 했어요.

(1) 기태 씨가 매일 일찍 ____________________.

(2) 유미 씨가 저기는 ____________________.

(3) 투안 씨가 사무실에 아무도 ____________________.

(4) 서 주임이 오늘 일이 ____________________.

(5) 정 대리가 베트남 음식이 아주 ____________.

(6) 짱 씨가 운동을 ____________.

(7) 프엉 씨가 한국어가 ____________.

(8) 김 대리가 자기 전에 음악을 ____________.

(9) 김 부장님이 ____________.

(10) 짱 씨가 매운 음식을 ____________.

문법2

-다고 하다[2] (과거, 미래)

- 가: 투안 씨는 오늘 출근했어요?
  나: 네. 출장 잘 다녀왔다고 합니다.
- 가: 행사 준비팀은 어디에 있지요?
  나: 오전부터 행사장에 있을 거라고 했습니다.
- 기태 씨가 이번 주부터 아침 운동을 하겠다고 했어요.
- 프엉 씨가 수업 시간에 베트남 말을 하지 않겠다고 했어요.

과거	ㅏ, ㅗ	-았다고 하다	먹었다고 하다, 컸다고 하다, *들었다고 하다, *만들었다고 하다, *무거웠다고 하다
	ㅏ, ㅗ가 아닌 모음	-었다고 하다	갔다고 하다, 좋았다고 하다, *바빴다고 하다
	-하다	-했다고 하다	준비했다고 하다, 깨끗했다고 하다
미래	받침 ○	-을 거라고 하다	읽을 거라고 하다, 재미있을 거라고 하다, *걸을 거라고 하다, *쉬울 거라고 하다
	받침 ×	-ㄹ 거라고 하다	올 거라고 하다, 친절할 거라고 하다, *만들 거라고 하다

★ 명사에는 '였다고/이었다고 하다'가 붙는다.

Với danh từ ở thời quá khứ thì dùng '였다고/이었다고 하다'.

- 할머니가 젊었을 때 가수였다고 하셨어요.
- 김 대리님은 우리 회사 모델이었다고 해요.
- 여기는 원래부터 식당이 아니었다고 해요.
  예전에는 높은 사람이 사는 집이었다고 해요.

명사	받침 ×	이었다고 하다	모델이었다고 하다, 집이었다고 하다
	받침 ○	였다고 하다	가수였다고 하다, 거래처였다고 하다

★ 다른 사람 말을 옮길 때 '저'는 '자기'로 바꾼다.

Khi truyền đạt lại lời của người khác thì từ '저' được đổi thành từ '자기'.

- 유미 씨가 "제 고향은 서울이에요"라고 했어요.
  → 유미 씨가 자기 고향은 서울이라고 했어요.

문법 연습2

1. [보기]와 같이 쓰세요.

[보기] 유미: "제 고향은 서울이에요."

→ 유미 씨가 자기 고향은 서울이라고 했어요.

(1) 쩐: "프엉 씨하고 같은 초등학교에 다녔어요."

→ ______________________________.

(2) 응옥: "어제 늦게 퇴근했어요."

→ ______________________________.

(3) 지호: "거래처에서 전화가 왔어요."

→ ______________________________.

(4) 닝껀: "손님이 오실 거예요."

→ ______________________________.

(5) 미나: "퇴근 후에 전화할게요."

→ ______________________________.

(6) 투이: "제가 전화하지 않았어요."

→ ______________________________.

(7) 르안: "이번 일은 별로 어렵지 않을 것 같아요."

→ ______________________________.

(8) 단: "극장에서 영화를 보고 싶었어요."

→ ______________________________.

(9) 기태: "한국에서는 가족하고 같이 살았어요. 지금은 혼자 살아요."

→ ______________________________.

지금은 ______________________________.

(10) 수진: "고향 음식이 먹고 싶었어요. 하지만 재료가 없었어요."

→ ______________________________.

하지만 ______________________________.

(11) 김 대리: "오늘은 제가 사겠습니다."

→ ______________________________.

(12) 박 부장: "올해도 정말 고마웠습니다."

→ ______________________________.

대화

투　안: 안녕하십니까? 베한전자 영업팀 투안입니다.

김한규: 여보세요? 저는 한국 건설 과장 김한규라고 합니다.

투　안: 네, 안녕하세요? 과장님.

김한규: 정세아 대리님 좀 바꿔 주시겠어요?

투　안: 외근 나가셨는데 메모 남겨 드릴까요?

김한규: 네. 그럼 요청한 자료를 이메일로 보냈다고 전해 주세요. 그리고 제가 전화 부탁한다고 말씀해 주세요.

투　안: 네. 그렇게 하겠습니다.

- 요청하다
- 자료
- 부탁하다
- 남겨 드릴까요?

- 부탁한다고
  [부타칸다고]

- 김한규 과장은 누구에게 이메일을 보냈습니까?
- 투안이 쓴 메모의 내용은 무엇입니까?

21 내일까지 보고서를 제출하라고 하셨어요

1 여러분은 회사에서 어떤 지시를 받습니까?

2 내가 받은 지시를 전달할 때 어떻게 말합니까?

학습 목표

- 업무 통화, 업무 사항 전달과 관련한 표현을 사용할 수 있다.
- 명령이나 요청을 간접적으로 전달할 수 있다.

어휘: 업무 통화, 업무 사항 전달

문법: -(으)라고 하다, -어/아 달라고 하다

어휘 1

업무 통화

전화 응대	인명 검색	대표 번호	직통 번호
전화 연결	내선 번호	착신 전환	화상 통화

- 친절한 **전화 응대**는 회사의 얼굴과 같습니다.
- 사내 시스템의 **인명 검색**을 이용하면 전화번호를 쉽게 찾을 수 있습니다.
- 우리 회사 **대표 번호**로 전화하면 전화 안내원이 원하는 부서에 연결해 줍니다.
- 인사팀으로 **전화 연결**해 드리겠습니다. 혹시 중간에 끊기면 인사팀 **직통 번호** 0327로 하시면 바로 통화하실 수 있습니다.
- 총무팀 **내선 번호**는 1498이에요. 회사 안에서는 이 번호만 누르면 돼요.
- 중요한 전화를 직접 받아야 하는데 사무실에서 기다릴 수 없을 때, **착신 전환**을 이용하세요. 사무실 전화를 휴대폰으로 받을 수 있어요.
- 내일 회의는 베트남과 한국의 담당자들이 **화상 통화**로 진행합니다.

- 안내원
- 끊기다
- 담당자
- 진행하다

어휘 2

업무 사항 전달

찾아가서 말하다	직원을 대신 보내다	직접 통화하다
메모/메시지를 남기다	이메일을 전달하다	메신저로 이야기하다
등기 우편으로 보내다	팩스로 보내다	퀵서비스를 이용하다

- 중요한 일이니까 전화나 메일보다 직접 **찾아가서 말하는 게** 좋겠어요.
- 제가 직접 가야하는데 그럴 수가 없어서 저희 **직원을 대신 보내겠습니다**. 양해해 주세요.
- **직접 통화하려고** 했는데 자리에 안 계셔서 **메모를 남겼습니다**.
- '한국 무역'에서 온 **이메일을 전달했습니다**. 궁금하신 사항은 전화나 **메신저로 이야기해 주세요**.
- 견적서를 어제 **등기 우편으로 보냈습니다**. 살펴보시고 계약을 원하시면 바로 연락 주십시오.
- 구매 요청서는 **팩스로 보내 주시고**, 확인 전화를 해 주시면 감사하겠습니다.
- 급하게 서류를 보내야 해서 오토바이 **퀵서비스를 이용했습니다**. 정말 빠르고 편리했습니다.

- 직접
- 양해하다
- 사항
- 바로
- 편리하다

어휘 연습

1. [보기]에서 알맞은 말을 골라 다음 문장을 완성하세요.

[보기]	직통 번호	내선 번호	착신 전환	전화 연결

(1) 같은 회사 안에서는 전화번호를 전부 누를 필요가 없어요. 간단하게 ________ 만 누르면 돼요.

(2) ________ 을 하면 밖에서도 사무실 전화를 받을 수 있어서 좋지만, 퇴근시간 후에도 업무 전화를 받아야 할 때가 있어요.

(3) 명함에 제 ________ 가 있어요. 이 번호로 전화하시면 다른 사람을 거치지 않고, 바로 저와 통화할 수 있어요.

(4) 여기는 영업팀이 아니라 기술개발팀입니다. 영업팀으로 ________ 을 해 드리겠습니다.

2. [보기]에서 알맞은 말을 골라 다음 문장을 완성하세요.

[보기]	퀵서비스를 이용하다	메시지를 남기다
	직접 통화하다	팩스로 보내다

'한국 무역'에서 견적서를 (1) ________ 기로 했습니다. 팩스가 도착했다는 소리가 들려서 확인을 했는데 빈 종이만 있었습니다.

'한국 무역' 담당자에게 전화를 해서 (2) ________ 려고 했는데 담당자가 회의 중이었습니다. 그래서 저는 저에게 다시 전화해 달라고

(3) ________. 1시간 후에 담당자가 연락이 와서 팩스가 고장이 났다고 했습니다. 그래서 결국 (4) ________ 20분만에 견적서를 받았습니다. 돈은 좀 들었겠지만 빠르고 편리했습니다.

문법1

-(으)라고 하다

(동사에 붙어) 다른 사람의 명령이나 의견을 간접적으로 전달할 때 사용한다.

(Gắn với động từ) Dùng khi gián tiếp truyền đạt mệnh lệnh hay ý kiến của người khác.

- 가: 선생님이 뭐라고 하셨어요?
  나: 다음 주 월요일까지 숙제를 내라고 하셨어요.
- 가: 과장님이 송년회 장소를 잡으라고 하셨어요.
  나: 작년에 한국 식당에서 했으니까 올해는 베트남 식당에서 하면 어떨까요?
- 대리님이 견적서를 빨리 전달하라고 하셨어요.
- 프엉 씨가 동호회 회원들에게 문자를 보내라고 해요.

받침 ○	-으라고 하다	먹으라고 하다, 읽으라고 하다, 있으라고 하다, 씻으라고 하다, 잡으라고 하다, 받으라고 하다
받침 × ㄹ 받침	-라고 하다	가라고 하다, 주라고 하다, 마시라고 하다, 보내라고 하다, 전달하라고 하다, 공부하라고 하다, 기다리라고 하다, 살라고 하다, 만들라고 하다, 팔라고 하다, 놀라고 하다, (하지) 말라고 하다

★ 다른 사람에게 들은 말(평서문)을 전달할 때 사용하는 '-(이)라고 하다'나 '-(으)ㄹ 거라고 하다'와 구분해야 한다.

Cần phải phân biệt với cấu trúc '-(이)라고 하다' là cấu trúc được sử dụng khi muốn truyền đạt lại lời nói (câu trần thuật) nghe được tới một người khác.

- 올해 우리 회사 야유회는 4월 15일이라고 해요.
- 유미 씨가 오늘 메일을 보낼 거라고 했어요.

★ 부정 명령문은 '-지 말라고 하다'의 형태로 사용한다.

Câu mệnh lệnh phủ định thì dùng '-지 말라고 하다'.

- 반장님이 회사에 지각하지 말라고 했어요.
- 이 음식은 손님께 드릴 거니까 먹지 말라고 했어요.

문법 연습1

1. [보기]와 같이 쓰세요.

> **[보기]** 반장: 안전화를 꼭 신으세요.
> → 반장님이 안전화를 꼭 신으라고 하셨어요.

(1) 최 부장: 내일까지 발표 자료를 만드세요.

→ ________________.

(2) 김 과장: 공항에서 이 대리에게 서류를 받으세요.

→ ________________.

(3) 의사: 밥을 먹고 30분 후에 약을 드세요.

→ ________________.

(4) 선생님: 수업 시간에 휴대폰을 쓰지 마세요.

→ ________________.

2. [보기]와 같이 대화를 완성하세요.

> **[보기]** 가: 대리님이 뭐라고 하셨어요?
> 나: 3시까지 회의 자료를 준비하라고 하셨어요.

(1) 가: 선생님께서 뭐라고 하셨어요?

나: 내일까지 ________________.

(2) 가: 과장님이 뭐라고 하셨어요?

나: 회사에 지각 ________________.

(3) 가: 부장님이 체육대회를 취소하라고 하셨어요?

나: 아니요, 장소를 ________________.

(4) 가: 의사 선생님이 커피를 마시지 말라고 하셨어요?

나: 아니요, 커피는 괜찮은데 ________________.

문법2

-어/아 달라고 하다

(동사에 붙어) 다른 사람의 요청이나 요구를 간접적으로 전달할 때 사용한다.

(Gắn vào động từ) Dùng khi truyền đạt gián tiếp yêu cầu hay đề nghị của người khác.

- 가: 대리님이 작년 매출 자료를 찾아 달라고 하시는데요.
  나: 매출 자료 파일은 모두 공유 폴더 안에 있어요.
- 가: 기태 씨가 뭐라고 했어요?
  나: 기태 씨가 외근을 가니까 우리한테 불량제품을 검수해 달라고 했어요.
- 짱 씨가 가위를 좀 빌려 달라고 해요.
- 거래처에서 며칠만 더 기다려 달라고 하는데요.

ㅏ, ㅗ	-아 달라고 하다	와 달라고 하다, 가 달라고 하다, 만나 달라고 하다, 찾아 달라고 하다
ㅏ, ㅗ 이외	-어 달라고 하다	먹어 달라고 하다, 빌려 달라고 하다 써 달라고 하다, 읽어 달라고 하다
-하다	-해 달라고 하다	전화해 달라고 하다, 청소해 달라고 하다, 요리해 달라고 하다

★ '-어/아 주세요' 형태의 문장을 간접적으로 전달할 때, '-어/아 달라고 하다'의 형태로 쓰인다.

Khi truyền đạt gián tiếp câu văn có hình thái cấu trúc đuôi câu '-어/아 주세요' thì phải đổi nó thành '-어/아 달라고 하다'.

• 투안: 천천히 말해 주세요.
→ 투안 씨가 천천히 말해 달라고 했어요.

★ 전달하고자 하는 이야기를 한 사람에 대한 요청일 때는 '-어/아 달라고 하다'를 사용하고, 전달하고자 하는 이야기를 한 사람이 다른 사람을 위해 요청한 경우에는 '-어/아 주라고 하다'를 사용한다.

Khi là yêu cầu đối với người đã nói điều mà họ đang định truyền đạt thì dùng '-어/아 달라고 하다', còn trường hợp người đã nói điều mà họ đang truyền đạt yêu cầu vì người khác thì dùng '-어/아 주라고 하다'.

• 투안: 저를 좀 도와주세요. → 투안 씨가 좀 도와달라고 했어요.
• 투안: 유미 씨를 좀 도와주세요.
→ 투안 씨가 유미 씨를 좀 도와주라고 했어요.

문법 연습2

1. [보기]와 같이 쓰세요.

> **[보기]** 정 대리: 창문을 좀 열어 주세요.
> → 정 대리님이 창문을 좀 열어 달라고 해요.

(1) 서 주임: 회의 자료 좀 복사해 주세요.

→ ____________________.

(2) 선생님: 칠판을 지워 주세요.

→ ____________________.

(3) 김 과장: 전화 좀 받아 주세요.

→ ____________________.

(4) 프엉: 한국어 문법을 가르쳐 주세요.

→ ____________________.

2. [보기]와 같이 대화를 완성하세요.

> **[보기]** 가: 회의실 정리는 누가 하지요?
> 나: 제가 짱 씨에게 도와달라고 했어요.

(1) 가: 제가 없는 동안 연락 온 곳이 있나요?

나: 네, 세아 무역 노 과장님이 ____________________.

(2) 가: 제품 개발팀에서 ____________________.

나: 네, 집에 가서 끓여 먹어 보고 평가서를 쓸게요.

(3) 가: 팀장님이 이번 회식에 모두 ____________________.

나: 그럼요. 송년회인데 다 같이 가야지요.

(4) 가: 프엉 씨 비빔밥에는 왜 고기가 없어요?

나: 제가 ____________________.

대화

투 안: 정 대리님, 아까 한국 건설에서 전화가 왔어요.

정세아: 아, 그래요? 누가 전화했나요?

투 안: 김한규 과장님이 메일 보내셨으니 확인해 달라고 하셨어요. 그리고 연락도 부탁하셨어요.

정세아: 네, 고마워요. 다른 일은 없었어요?

투 안: 참, 부장님이 내일까지 보고서를 제출하라고 하셨어요.

정세아: 네, 알려 줘서 고마워요.

- 확인하다
- 연락을 부탁하다
- 제출하다

- 전화했나요 [저놔핸나요]
- 부탁하셨어요 [부타카셔써요]

- 김한규 과장은 투안에게 어떤 이야기를 했습니까?
- 부장님은 투안에게 어떤 이야기를 했습니까?

22 밥 한 번 먹자고 했어요

1. 이 사람들은 무엇을 하고 있습니까?
2. 한국 회사와 베트남 회사의 문화가 어떻게 다릅니까?

학습 목표

- 한국의 식사 문화와 음주 문화에 대해 알고 베트남과의 차이에 대해 이야기할 수 있다.
- 청유나 의문을 간접적으로 전달할 수 있다.

어휘: 식사 문화, 음주 문화

문법: -자고 하다, -(으)냐고/(느)냐고 하다

어휘 1

식사 문화

수저를 들다	속도를 맞추다	그릇을 들고 먹다
반찬을 뒤적거리다	음식을 한꺼번에 차리다	수저를 함께 들고 사용하다

- 웃어른과 함께 식사할 때, 어른이 먼저 **수저를 든** 후에 식사를 시작합니다.
- 다른 사람들과 함께 식사할 때는 너무 빨리 먹거나 천천히 먹지 말고 다른 사람의 식사 **속도를 맞추려고** 노력하세요.
- 한국에서는 밥그릇이나 **국그릇을 손에 들고 먹지** 않습니다.
- 아이들에게 **반찬을 뒤적거리지** 말라고 이야기해 주세요.
- 한국에서는 밥과 국, 찌개, 반찬 등 먹을 **음식을 한꺼번에 상에 차립니다**.
- 식사를 할 때 보통 **수저를 함께 들고 사용하지** 않습니다. 숟가락을 내려놓은 후에 젓가락을 드세요.

- 웃어른
- 노력하다
- 밥그릇
- 국그릇
- 찌개
- 한꺼번에

어휘 2

음주 문화

술을 따르다	잔을 받다	얼굴을 돌리다
자작하다	첨잔하다	잔을 돌리다

- 어른에게 술을 드릴 때는 두 손으로 **술을 따릅니다**.
- 어른이 술을 주실 때는 두 손으로 **잔을 받습니다**.
- 친구들과 술을 마실 때는 **얼굴을 옆으로 돌리지** 않아도 됩니다.
- 한국에서는 보통 자기 스스로 술을 따라 마시지 않습니다. 그러나 어떤 나라에서는 **자작을 해도** 괜찮습니다.
- 프랑스에서는 술이 들어있는 잔에 술을 더 따라도 되지만, 한국에서는 보통 **첨잔하지** 않습니다.
- 예전에는 회식에서 **잔을 돌리는** 경우가 있었지만 요즘에는 그런 회식 문화가 점점 사라지고 있습니다.

- 어른
- 옆으로
- 자기 스스로
- 예전
- 점점
- 사라지다

어휘 연습

1. [보기]에서 알맞은 말을 골라 다음 문장을 완성하세요.

[보기]	수저를 들다	그릇을 손에 들다
	음식을 한꺼번에 차리다	속도를 맞추다

입사하고 첫 회식 때 한국 식당에 처음 갔습니다. 한국 음식은 보통 순서에 따라 음식이 나오지 않고 모든 (1) ______________. 정말 맛있어 보였습니다. 제 옆에 동료가 (2) ______________ 려고 했는데, 제가 작은 목소리로 기다리라고 말해줬습니다. 그리고 너무 빨리 먹거나 천천히 먹지 말고 다른 사람들의 (3) ______________ 라고 했습니다. 제 동료는 저에게 한국 식사 문화를 어떻게 그렇게 잘 아느냐고 물었습니다. 사실 저는 회식에 가기 전에 한국 식사 문화에 대해 인터넷 검색을 해 보았습니다. 한국 사람들은 일본이나 중국과 달리 (4) ______________ 고 먹지 않는다고 했습니다.

2. [보기]에서 알맞은 말을 골라 다음 문장을 완성하세요.

[보기] 얼굴을 돌리다 잔을 받다 술을 따르다 자작하다

송년회 때 팀장님이 모든 직원들에게 (1) ______________. 이제 한국 문화에 조금 익숙해져서 두 손으로 (2) ______________. 그리고 다 같이 건배를 한 후에 (3) ______________ 고 술을 마셨습니다. 그리고 예전에는 술이 비면 제가 스스로 잔을 채울 때도 있었는데 이제 한국 문화에 맞게 (4) ______________ 고 기다리게 되었습니다. 내년에 신입 사원들이 들어오면 한국 음주 예절에 대해서 잘 설명해 줄 수 있을 것 같습니다.

문법1

-자고 하다

(동사에 붙어) 다른 사람에게 들은 권유나 제안을 전달할 때 사용한다.

(Gắn với động từ) Dùng khi truyền đạt lời khuyên hoặc lời đề nghị mà mình nghe được tới người khác.

- 가: 기태 씨가 오늘 저녁에 반장님 생일 선물을 사러 가자고 해요.
  나: 좋은 생각이에요. 어디로 갈까요?
- 가: 영업팀 투안 씨가 오늘 같이 점심 먹자고 하는데요.
  나: 아쉽지만 저는 오늘 점심에 다른 약속이 있어요.
- 홍보팀에서 이번 신제품 홍보 방안으로 체험 이벤트를 하자고 해요.
- 정 대리가 이번 독서 모임에서 한국어 책을 읽자고 하는데요.

받침 ○	-자고 하다	먹자고 하다, 읽자고 하다, 있자고 하다, 만들자고 하다, 듣자고 하다, 걷자고 하다
받침 ×		가자고 하다, 보자고 하다, 찾자고 하다, 보내자고 하다, 운동하자고 하다

★ 권유나 제안이 부정문인 경우, '-지 말자고 하다'를 사용한다.

Trường hợp đó là lời khuyên hay lời để nghị là câu văn phủ định thì dùng '-지 말자고 하다'.

- 프엉 씨가 장기자랑에 나가지 말자고 했어요.
- 부모님이 이번 휴가에는 해외여행을 가지 말자고 했어요.

문법 연습1

1. [보기]와 같이 쓰세요.

[보기] 투안: 노래방에 갈까요?
→ 투안 씨가 노래방에 가자고 했어요.

(1) 반장: 함께 원인을 찾아봅시다.

→ ______________________________.

(2) 짱: 우리 한국어 수업 시간에는 한국어만 써요.

→ ______________________________.

(3) 기태: 저녁에 같이 김밥을 먹을까요?

→ ______________________________.

(4) 부장: 올해에는 더욱 열심히 일합시다.

→ ______________________________.

2. [보기]와 같이 대화를 완성하세요.

[보기] 가: 유미 씨가 뭐라고 해요?
나: 월요일이 시험이니까 주말에 같이 공부하자고 해요.

(1) 가: 서 주임님이 뭐라고 하셨어요?

나: 탈의실이 더러우니까 같이 ______________________________.

(2) 가: 부장님이 버스를 타자고 하셨어요?

나: 아니요, 늦었으니까 ______________________________.

(3) 가: 짱 씨가 같이 커피를 마시자고 했어요?

나: 아니요, ______________________________.

(4) 가: 과장님이 뭐라고 하셨어요?

나: 다른 팀으로 가지만 ______________________________.

-(으)냐고/(느)냐고 하다

(동사, 형용사, '-이다'에 붙어) 다른 사람에게 들은 질문을 전달할 때 사용한다.

(Gắn với động từ, tính từ, 'là (이다)) Dùng khi truyền đạt câu hỏi mà mình nghe được tới người khác.

- 가: 프엉 씨가 언제 회의가 있냐고 했어요.
  나: 프엉 씨에게 회의가 내일이라고 말해 주세요.
- 가: 정 대리님이 어제 본 영화가 재미있었냐고 해요.
  나: 어제 머리가 아파서 영화를 못 봤어요. 오늘 그 영화를 볼 거예요.
- 팀원들이 내일 회식 때 무엇을 먹을 거냐고 했어요.
- 유미 씨가 어제 제 기분이 왜 안 좋았냐고 물었어요.

	과거	현재	미래(추측)
이다	**-이었/였냐고 하다** 학생이었냐고 하다 대리였냐고 하다	**-(이)냐고 하다** 학생이냐고 하다 대리냐고 하다	-
형용사	**-었/았(느)냐고 하다** 아팠(느)냐고 하다 좋았(느)냐고 하다	**-(으)냐고하다** 아프냐고 하다 좋(으)냐고 하다	**-겠(느)냐고 하다** **-(으)ㄹ 거냐고 하다** 가겠(느)냐고 하다 먹겠(느)냐고 하다 먹을 거냐고 하다 추울 거냐고 하다
동사	갔(느)냐고 하다 먹었(느)냐고 하다	**-(느)냐고 하다** 가(느)냐고 하다 먹(느)냐고 하다	

★ '-느냐고'는 '있다', '없다', '계시다'의 어간, 동사 어간 또는 어미 '-으시-', '-었-', '-겠-' 뒤에 붙어 쓰인다.

'-느냐고' được gắn vào sau các thân từ, thân động từ '있다', '없다', '계시다' hoặc các đôi '-으시-', '-었-', '-겠-'.

★ '-으냐고'는 'ㄹ'을 제외한 받침 있는 형용사 어간 뒤에 붙어 쓰인다.

'-으냐고' sử dụng được sau các thân tính từ không có phụ âm cuối 'ㄹ'.

문법 연습2

1. [보기]와 같이 쓰세요.

> **[보기]** 투안: 오늘이 수요일이에요?
> → 투안 씨가 오늘이 수요일이냐고 했어요.

(1) 기태: 이번 주말에 고향에 가요?

→ ______________________.

(2) 짱: 올해 우리 회사 광고 모델이 누구예요?

→ ______________________.

(3) 김 대리: 비품실에 A4 용지가 몇 상자 있어요?

→ ______________________.

(4) 부장: 이번 달 우리 회사 영업 실적이 어떻습니까?

→ ______________________.

2. [보기]와 같이 대화를 완성하세요.

> **[보기]** 가: 유미 씨가 뭘 물었어요?
> 나: 출장 보고서를 어떻게 쓰냐고 했어요.

(1) 가: 정 대리님이 뭐라고 하셨어요?

나: 우리 팀 기념사진을 ______________________.

(2) 가: 부장님이 뭐라고 하세요?

나: 어제 왜 ______________________.

(3) 가: 기태 씨가 유미 씨 생일이 언제냐고 물었어요?

나: 아니요, ______________________.

(4) 가: 짱 씨가 ______________________?

나: 네, 그래서 불고기와 비빔밥을 좋아한다고 했어요.

대화

유 미: 프엉 씨, 무슨 생각을 그렇게 해요?

프 엉: 오늘 처음 본 직원이 저한테 몇 살이냐고 물어보더라고요. 한국 사람들은 왜 이렇게 나이를 중요하게 생각해요?

유 미: 한국에서는 처음 만났을 때 나이를 물어보는 경우가 많아요. 한국어에 높임말이 있어서 나이를 중요하게 생각해요.

프 엉: 그래요? 그리고 그 직원이 다음에 밥 한 번 먹자고 했는데 제가 연락을 해야 하나요?

유 미: 아, 한국에서는 인사로 밥 한 번 먹자고 할 때도 있어요. 꼭 먹어야 하는 건 아니니까 걱정 마세요.

프 엉: 아, 정말요? 몰랐어요.

- 경우
- 인사로

- 연락을[열라글]
- 걱정 마세요 [걱쩡마세요]

- 한국 사람들은 왜 나이를 중요하게 생각합니까?
- 프엉 씨는 무엇을 잘 몰랐습니까?

23 마감일이 오늘인 줄 알았습니다

1 사람들이 무엇을 하고 있습니까?

2 여러분은 회사에서 어떤 실수를 합니까?

학습 목표

- 회사 내 실수와 관련된 어휘를 알고 표현할 수 있다.
- 오해와 경험을 나타내는 표현을 알고 말할 수 있다.

어휘: 실수, 수정

문법: -(으)ㄴ/는/(으)ㄹ 줄 알다/모르다,
-(으)ㄴ 적이 있다/없다

어휘 1

실수

부주의	대책	대처하다
반복하다	실수를 범하다	책임을 묻다
	책임을 지다	

- 이번 **실수**는 제 **부주의** 때문입니다.
- 이번 문제를 해결하기 위한 **대책**을 준비하세요.
- 회사는 시장의 변화에 잘 **대처해야** 합니다.
- 같은 실수를 **반복하**지 않도록 주의해야 합니다.
- 죄송합니다. 제가 그만 **실수를 범했습니다**.
- 잘못이 있으면 **책임을 묻겠습니다**.
- 이번 일의 **책임은 제가 지겠습니다**.

어휘 2

수정

오타	오류	누락
착오	재검토	수정하다
	고치다	

- 보고서에 **오타**가 있으면 안 됩니다.
- 거래 품목을 **누락하지** 않도록 잘 확인하기 바랍니다.
- 보낸 파일에 **오류**가 있어서 파일을 확인할 수 없었습니다.
- 죄송합니다. 전달 과정에서 **착오**가 있었습니다.
- 계약서를 다시 **수정하여** 보내 드리겠습니다.
- 서류를 한 번 더 **재검토해** 보세요.
- 프로그램의 오류를 확인하여 **고치도록** 하겠습니다.

어휘 연습

1. [보기]에서 알맞은 말을 골라 다음 문장을 완성하세요.

[보기] 부주의 대처하다 반복하다 책임

(1) 이번 일은 우리 모두의 ______________.

(2) 일을 할 때 같은 실수를 ______________ 는 것이 중요하다.

(3) 사람들은 ______________ 때문에 실수를 범할 때가 많습니다.

(4) 문제가 생겼을 때는 다 같이 힘을 모아서 ______________.

2. 빈칸에 공통적으로 들어갈 말을 [보기]에서 찾아 쓰세요.

[보기] 오타 오류 누락 재검토

(1) 가 : 보고서에 __________ 이/가 있네요.
나 : 죄송합니다. __________ 을/를 확인하여 수정하겠습니다.

(2) 가 : 명세서 품목에 __________ 이/가 있어서 총액이 맞지 않습니다.
나 : 죄송합니다. 품목 중 한 개가 __________ 되었습니다. 다시 결재 올리겠습니다.

(3) 가 : 이번 계약 건은 다시 __________ 이/가 필요할 것 같습니다.
나 : 알겠어요. 오후 회의 때 __________ 해 보기로 합시다.

(4) 가 : 이 파일이 안 보여요. 파일에 __________ 이/가 있는 것 같아요.
나 : 정말이네요. 전송 프로그램에 __________ 이/가 생긴 것 같아요.

문법1

-(으)ㄴ/는/(으)ㄹ 줄 알다/모르다

(동사나 형용사, '이다, 아니다'에 붙어) 어떤 사실에 대해 알거나 모른다는 뜻을 나타낼 때 사용한다.

(Gắn với động từ hoặc tính từ, 'là (이다), không là (아니다)) Dùng khi nói rằng mình biết hoặc không biết về một sự thật nào đó.

- 가: 투안 씨, 보고서 마감 기한 오늘인 거 알고 있지요?
  나: 네? 저는 보고서 마감이 내일인 줄 알았는데요.
- 가: 짱 씨가 컴퓨터를 정말 잘하네요.
  나: 네, 저도 짱 씨가 그렇게 컴퓨터를 잘하는 줄 몰랐어요.
- 마감일이 오늘인 줄 몰랐습니다.
- 죄송합니다. 제 일이 아닌 줄 알았습니다.

<table>
<tr><td rowspan="4">현재</td><td colspan="2">동사</td><td>-는 줄</td><td>먹는 줄, 읽는 줄, 가는 줄, *노는 줄</td></tr>
<tr><td rowspan="3">형용사</td><td>받침 ○</td><td>-은 줄</td><td>좋은 줄, 높은 줄, *더운 줄, *그런 줄</td></tr>
<tr><td>받침 ×</td><td rowspan="2">-ㄴ 줄</td><td rowspan="2">예쁜 줄, 아픈 줄, 슬픈 줄, *먼 줄</td></tr>
<tr><td>ㄹ 받침</td></tr>
<tr><td rowspan="3">과거</td><td rowspan="3">동사</td><td>받침 ○</td><td>-은 줄</td><td>먹은 줄, 읽은 줄, 잡은 줄, *들은 줄</td></tr>
<tr><td>받침 ×</td><td rowspan="2">-ㄴ 줄</td><td rowspan="2">간 줄, 온 줄, *만든 줄, *논 줄</td></tr>
<tr><td>ㄹ 받침</td></tr>
<tr><td rowspan="3">미래</td><td rowspan="3">동사
형용사</td><td>받침 ○</td><td>-을 줄</td><td>먹을 줄, 읽을 줄, 좋을 줄,
*들을 줄, *더울 줄, *그럴 줄</td></tr>
<tr><td>받침 ×</td><td rowspan="2">-ㄹ 줄</td><td rowspan="2">갈 줄, 예쁠 줄, 아플 줄, *멀 줄, *만들 줄,</td></tr>
<tr><td>ㄹ 받침</td></tr>
</table>

문법 연습1

1. [보기]와 같이 쓰세요.

[보기] 오늘이 마감일인 것을 몰랐어요. 내일이라고 생각했어요.
→ 오늘이 마감일인 줄 몰랐어요. 내일이 마감일인 줄 알았어요.

(1) 오후에 회의가 없다고 생각했어요. 회의는 내일 오전이라고 생각했어요.

→ ______________________________.

(2) 짱 씨가 아프다고 해요. 아무 말이 없어서 괜찮다고 생각했어요.

→ ______________________________.

(3) 투안 씨가 노래를 잘 못 부를 것 같았는데 노래를 정말 잘 하더라고요.

→ ______________________________.

(4) 이번 주 당직은 제가 아니라고 생각했어요. 토요일이 당직인 것을 몰랐어요.

→ ______________________________.

2. [보기]와 같이 대화를 완성하세요.

[보기] 가 : 투안 씨, 식사하러 안 가요? 벌써 12시예요.
나 : 네? 벌써요? 저는 지금 11시인 줄 알았어요.

(1) 가 : 짱 씨, 미안하지만 그 펜 제 거예요.

나 : 미안해요. 모양이 비슷해서 ______________.

(2) 가 : 유미 씨, 다음 주에 다낭 출장 잘 준비하고 있지요?

나 : 네? ______________. 확인해 볼게요.

(3) 가 : 투안 씨, 영업팀 일은 어때요? 어렵지 않아요?

나 : ______________. 그래도 열심히 하고 있습니다.

(4) 가 : 어, 밖에 비가 오네요. 투안 씨, 우산 가지고 왔어요?

나 : 아니요. 오늘 ______________. 우산 하나 사야겠어요.

문법2

-(으)ㄴ 적이 있다/없다

(동사에 붙어) 어떤 행위가 과거에 있었는지 없었는지를 나타낸다. 과거의 사건이나 경험의 유무를 이야기할 때 사용한다.

(Gắn với động từ) Thể hiện đã từng có hay không có hành vi nào đó trong quá khứ. Dùng khi nói về sự kiện trong quá khứ hoặc nói đã từng có kinh nghiệm hay không có kinh nghiệm.

- 가: 전에 다른 회사에서 근무한 적이 있어요?
  나: 아니요. 다른 회사에서 근무한 적이 없어요.
- 가: 투안 씨, 한국에서 유학했을 때 기억에 남는 곳이 있어요?
  나: 네, 한글박물관에 간 적이 있는데 그 곳이 기억에 남아요.
- 저는 여행으로 일본에 간 적이 있어요.
- 저는 실수를 한 적이 없어요.

받침 ○	-은 적	잡은 적, 먹은 적, 읽은 적, *들은 적, *주운 적, *지은 적
받침 × ㄹ 받침	-ㄴ 적	간 적, 온 적, 준 적, 마신 적, 쓴 적, 일한 적, *판 적, *논 적,

★ 과거 '-었-'이 선행 어간에 결합하지 않는다. '-(으)ㄴ'은 과거 시제를 나타내는 선어말 어미이기 때문에 과거 시제를 나타내는 '-었-'이 결합할 필요가 없다.

Vĩ tố thể hiện thì quá khứ '-었-' không được kết hợp vào thân từ đi trước. Vì nó đã có vĩ tố tiền kết thúc thể hiện thì quá khứ '-(으)ㄴ' rồi cho nên không cần sử dụng vĩ tố kết thúc thể hiện thì quá khứ '-었-' nữa.

- 그 책을 읽었은 적이 있어요. (×)
- 그 책을 읽은 적이 있어요. (○)
- 투안 씨와 같이 일을 했은 적이 있어요. (×)
- 투안 씨와 같이 일을 한 적이 있어요. (○)

★ '-(으)ㄴ 적이 있다/없다'는 과거의 경험이나 사건의 성격이 단순 과거와는 다른 특별한 경험이나 사건일 때 주로 사용한다.

'-(으)ㄴ 적이 있다/없다' (đã từng/ chưa từng ~) được dùng chủ yếu khi đó là một kinh nghiêm hay sự kiện đặc biệt khác với tính chất của kinh nghiệm hay sự kiện đơn thuần trong quá khứ.

- 어제 책을 봤어요. (○) 어제 책을 본 적이 있어요. (×)
- 아까 2시간 잤어요. (○) 아까 2시간 잔 적이 있어요. (×)

문법 연습2

1. [보기]와 같이 쓰세요.

[보기]	
유명한 사람을 만났다 (○) →	유명한 사람을 만난 적이 있어요.
유명한 사람을 만났다 (×) →	유명한 사람을 만난 적이 없어요.

(1) 병원에 입원했다(×) → ______________________.

(2) 회사에서 실수를 했다(○) → ______________________.

(3) 마트에서 아르바이트를 했다(×) → ______________________.

(4) 한국에 가 봤다(○) → ______________________.

2. [보기]와 같이 대화를 완성하세요.

[보기]
가 : 어떤 날씨를 좋아해요?
나 : 저는 따뜻한 날씨를 좋아해요.

(1) 가 : 투안 씨, 다른 나라에 간 적이 있어요?
나 : 네, 저는 ______________________. 정말 즐거웠어요.

(2) 가 : 짱 씨, 회사에서 실수 한 적이 있어요?
나 : 네, ______________________.

(3) 가 : 유미 씨, 물건을 잃어버린 적 있어요?
나 : 네, ______________________.

(4) 가 : 기태 씨, 혼자 산 적이 있어요?
나 : 아니요, ______________________.

대화

부 장: 이 보고서 누가 썼어요?

투 안: 제가 썼습니다. 무슨 문제라도….

부 장: 보고서가 왜 이렇게 늦었지요? 어제까지 내라고 했는데 못 들었나요?

투 안: 죄송합니다. 제출 마감일이 오늘인 줄 알았습니다.

부 장: 그리고 거래처 회사명에 오타가 있으면 어떡합니까? 투안 씨 전에는 이런 적이 없었는데… .

투 안: 죄송합니다. 바로 수정해서 결재 올리겠습니다.

- 회사명
- 오타
- 수정하다
- 결재를 올리다

- 부장님이 투안 씨한테 뭐라고 했습니까?
- 투안 씨는 무슨 실수를 했습니까?
- 투안 씨가 다음에 할 행동은 무엇입니까?

24 사랑을 받으려면 내가 먼저 표현해야 하는 것 같습니다

1. 사람들이 무엇을 하고 있습니까?
2. 여러분 회사의 사내 방송은 어떻습니까?

학습 목표

- 사내 방송과 관련된 어휘를 알고 표현할 수 있다.
- 회사 부서 사람들에게 감사의 말을 전할 수 있다.

어휘: 사내 방송, 감사 표현

문법: -(으)려면, -기 바라다

어휘 1

사내 방송

촬영	출연	아나운서
게스트	녹화	생방송

- 사내 방송 팀에서 **촬영**을 나왔습니다.
- 이번에 우리 팀 투안 씨가 사내 방송에 **출연**합니다.
- 우리 회사 사내방송 **아나운서**는 인기가 많습니다.
- 사내방송에 **게스트**로 우리 팀 사람들이 출연했습니다.
- 방송 **녹화**가 일주일 연기되었습니다.
- 오늘 방송은 **생방송**으로 진행됩니다.

어휘 2

감사 표현

감사의 말씀을 드립니다.

머리 숙여 깊은 감사를 드립니다.

베풀어 주신 은혜에 감사드립니다.

항상 아껴 주시고 보살펴 주셔서 감사드립니다.

여러 가지로 신세를 졌습니다.

보내 주신 성원에 감사드립니다.

은혜에 보답할 수 있도록 노력하겠습니다.

보내 주신 사랑에 부응할 수 있도록
앞으로 더욱 노력하겠습니다.

어휘 연습

1. [보기]에서 알맞은 말을 골라 다음 문장을 완성하세요.

[보기]	촬영 게스트 생방송 출연하다

(1) 공장 견학 시에 사진 ______ 을/를 금지하고 있습니다.

(2) 내일 아침 사내방송 프로그램에 우리 팀 투안 씨가 ______.

(3) 정오의 초대석 ______ (으)로 영업팀 직원 분들을 모셨습니다.

(4) 연말 특집 사내 방송은 ______ (으)로 진행됩니다.

2. [보기]와 같이 연결하세요.

[보기] 베풀어 주신 •		• 신세를 졌습니다.
(1) 여러 가지로 •		• 은혜에 감사드립니다.
(2) 보내 주신 •		• 깊은 감사를 드립니다.
(3) 은혜에 보답할 수 있도록 •		• 성원에 감사드립니다.
(4) 머리 숙여 •		• 노력하겠습니다.

문법1

-(으)려면

(동사에 붙어) 어떤 일을 할 의도나 의향이 있는 경우를 가정할 때 사용한다.

(Gắn với động từ) dùng khi giả định về trường hợp có ý hay dự định sẽ làm việc nào đó.

- 가: 입사지원서를 제출하려면 어떻게 해야 합니까?
  나: 8층에 있는 인사팀으로 가셔서 제출하세요.
- 가: 부장님과 통화할 수 있을까요?
  나: 지금 출장 중이신데요. 통화하시려면 휴대폰으로 해 보시겠어요?
- 소비자들의 마음을 잡으려면 소비자 편에서 생각해야 한다.
- 소비자들에게 제품을 팔려면 먼저 시장 조사를 해야 한다.

받침 ○	-으려면	먹으려면, 읽으려면, 잡으려면, *들으려면
받침 × ㄹ 받침	-려면	가려면, 사려면, 만들려면, 놀려면

★ 과거 '-었-', 미래·추측의 '-겠-'과 결합하지 않는다.

Không kết hợp với vĩ tố thể hiện thì quá khứ '-었-' và thì tương lai '-겠-'.

- 컴퓨터를 배웠으려면 학원에 가야 해요.(×)
- 컴퓨터를 배우겠으려면 학원에 다니세요.(×)
- 회의를 했으려면 준비를 해야 한다.(×)
- 회의를 하겠으려면 준비가 필요하다.(×)

문법 연습1

1. [보기]와 같이 쓰세요.

[보기]	퇴근하다 / 이 일을 끝내다 → 퇴근하려면 이 일을 끝내야 해요.

(1) 비품을 구입하다 / 신청서를 작성하다

→ .

(2) 회사 근처에서 밥을 먹다 / 비엣비 식당에 가다

→ .

(3) 부장님을 뵈다 / 약속을 잡다

→ .

(4) 팩스를 보내다 / 이 버튼을 누르다

→ .

2. [보기]와 같이 대화를 완성하세요.

[보기]
가 : 회사에서 성공하고 싶어요. 그러면 어떻게 해야 해요?
나 : 회사에서 성공하려면 열심히 실적을 쌓아 보세요.

(1) 가 : 한국어를 잘하고 싶어요. 좋은 방법을 알려 주세요.

나 : 한국어를 .

(2) 가 : 아침에 일찍 일어나려고 해요. 어떻게 하면 좋을까요?

나 : 아침에 .

(3) 가 : 다음 달 월급을 미리 받고 싶어요. 어떻게 해야 하지요?

나 : 월급을 미리 .

(4) 가 : 회사에서 신뢰받는 직원이 되고 싶어요. 어떻게 하면 될까요?

나 : 회사에서 .

문법2

-기 바라다

(동사, 형용사, '이다', '아니다'에 붙어) 어떤 행위나 상황에 대한 바람을 나타낼 때 사용한다.

(Gắn với động từ hoặc tính từ, 'là (이다), không phải là (아니다)') Dùng khi bày tỏ mong muốn về một hành vi hay tình huống nào đó.

- 가: 내일까지 보고서를 제출하기 바랍니다.
  나: 네, 알겠습니다. 내일까지 제출하겠습니다.
- 가: 내일부터 휴가여서 다낭으로 놀러 가요.
  나: 와, 좋겠네요. 날씨가 좋기를 바랄게요. 잘 다녀오세요.
- 올해도 건강하시고 행복하시기를 바랍니다.
- 명절 연휴에 당직이 아니기를 바랐다.

받침 ○	-기 바라다	먹기 바라다, 읽기 바라다, 좋기 바라다, 많기 바라다, 듣기 바라다, 줍기 바라다, 덥기 바라다, 짓기 바라다
받침 ×		가기 바라다, 오기 바라다, 예쁘기 바라다, 마시기 바라다, 쓰기 바라다, 건강하기 바라다

★ '-기 바라다'는 주로 공적인 상황이나 문어에서 사용되는 경향이 있다. 구어에서는 '바람'을 나타내는 '-(으)면 좋겠어요'로 대체할 수 있다.

'-기 바라다' (hi vọng là/ chúc ~) chủ yếu có khuynh hướng được dùng trong tình huống mang tính chất nghi thức hoặc trong văn viết. Trong khẩu ngữ thì có thể dùng '-(으)면 좋겠어요' để thay thế '바람'.

- 항상 행복하시기 바랍니다.
- 내일까지 제출하기 바랍니다.
- 행복하면 좋겠어요.
- 내일까지 주면 좋겠어요.

★ '-기 바라다'에서 '-기' 뒤에 조사 '를'을 붙이기도 한다.

Trong cấu trúc '-기 바라다' (hi vọng là/ chúc ~) sau '-기' có thể sử dụng trợ từ '를'.

- 건강하기를 바랍니다.(○) 건강하기 바랍니다.(○)
- 많이 드시기를 바랍니다.(○) 많이 드시기기 바랍니다.(○)

문법 연습2

1. [보기]와 같이 쓰세요.

[보기] 올해, 항상, 행복하다, 바라다 → 올해 항상 행복하기 바랍니다.

(1) 먼저, 점심, 드시다, 바라다

→ .

(2) 이메일로, 신청하다, 바라다

→ .

(3) 보고서, 주말까지, 제출하다, 바라다

→ .

(4) 빨리, 쾌차하다, 바라다

→ .

2. [보기]와 같이 쓰세요.

[보기] 여러분의 사연을 기다리고 있습니다.
문자와 이메일로 보내 주시기 바랍니다.

(1) 그동안 베풀어 주신 은혜에 감사드립니다.

내년에도 .

(2) 앞 쪽에 자리가 있습니다.

뒤 쪽에 서 계신 분들은 .

(3) 사무실에서 필요한 물품을 신청 받고 있습니다.

각 팀에서는 .

(4) 내일 오후에 서편 주차장 도색 작업이 있을 예정입니다. 서편 주차장에 차를

주차하신 분들은 .

대화

안지민: 안녕하세요? '사내 방송은 행복을 싣고'의 아나운서 안지민입니다. 오늘은 특별한 손님을 모셨는데요. 자기소개를 부탁드려도 될까요?

- 방송
- 싣다
- 통하다
- 표현하다

투　안: 네, 안녕하세요? 저는 영업팀 투안입니다.

안지민: 사내 방송을 통해 꼭 하고 싶은 말이 있다고 들었는데요.

투　안: 네, 곧 있으면 연말인데요. 우리 팀 사람들에게 감사하다는 말을 전하고 싶습니다. 영업팀 여러분! 감사합니다. 그리고 사랑합니다.

안지민: 투안 씨처럼 사랑을 받으려면 내가 먼저 표현해야 하는 것 같습니다. 감사합니다. 투안 씨처럼 출연을 원하시는 직원분들은 지금 바로 문자와 이메일로 신청해 주시기 바랍니다.

- 투안 씨는 왜 사내 방송에 출연했습니까?
- 사내 방송에 출연하려면 어떻게 해야 합니까?

25 회사에서 일한 지 이 년이 되었어요

1 한 해의 마지막에 무슨 생각을 합니까?

2 새해가 시작될 때 무엇을 합니까?

학습 목표

- 시간이 얼마나 지났는지 표현할 수 있다.
- 송년회와 신년회와 관련된 어휘를 사용할 수 있다.

어휘: 송년회, 신년회

문법: -고 나다, -(으)ㄴ 지 시간이 되다

어휘 1

송년회

연말	송년 모임	종무식	다사다난하다

한 해를 뒤돌아보다 /돌이켜보다	한 해가 저물다	일 년을 마무리하다

새해를 시작했던 때가 엊그제 같은데 벌써…

올 한 해도 수고 많으셨습니다.

한 해 마무리 잘하시고 따뜻한 연말 보내세요.

- **연말**이 되니 그동안 못 만났던 친구들이 보고 싶어요.
- 오늘 저녁에는 **일 년을 마무리하는 송년 모임**이 있습니다.
- **한 해를 뒤돌아보니** 잘못한 일이 더 많은 것 같습니다.
- **종무식**에서 올해 가장 많은 영업 실적을 기록한 정 대리님이 상을 받았습니다.
- **다사다난했던 한 해가 저물고** 새해가 다가오고 있습니다.
- 회사 임직원 여러분, **올 한 해도 수고 많으셨습니다**.
- **올 한 해 마무리 잘하시고 따뜻한 연말 보내세요**.
- **새해를 시작했던 때가 엊그제 같은데 벌써** 연말이 되었습니다.

- 기록하다
- 상을 받다

어휘 2

신년회

연시/연초	신년 하례회	시무식	연하장

새해가 밝았다	힘찬 출발을 다짐하다

새로운 마음가짐으로 노력하다

새해 복 많이 받으세요.

밝고 희망찬 한 해가 되기 바랍니다.

- **연초**에 우리 회사는 거래처에 **연하장**을 보냅니다.
- 오늘 **신년 하례회**에서 직원들이 서로 **새해 복 많이 받으시라고** 인사를 나눴습니다.
- 오늘은 **시무식**이 있으니 모든 직원들은 꼭 참석해 주세요.
- 우리 회사 임직원 여러분, **새해가 밝았습니다**.
- 새해의 **힘찬 출발을 다짐하고**, 희망이 가득한 **새로운 마음가짐으로 열심히 노력하시기** 바랍니다.
- 올해는 **밝고 희망찬 한 해가 되기 바랍니다**.

인사를 나누다

어휘 연습

1. [보기]와 같이 '송년회'와 '신년회' 중에서 어울리는 것을 고르세요.

[보기] 올 한 해도 수고 많으셨습니다. (송년회, 신년회)

(1) 한 해가 저물고 있습니다. (송년회, 신년회)

(2) 일 년을 마무리하는 자리를 준비했습니다. (송년회, 신년회)

(3) 이번 한 해를 뒤돌아보니 아쉬운 것이 많네요. (송년회, 신년회)

(4) 한 해 마무리 잘하시고 따뜻한 연말 보내세요. (송년회, 신년회)

(5) 새해가 밝았으니 새로운 마음가짐으로 노력합시다. (송년회, 신년회)

(6) 올해는 밝고 희망이 넘치는 한 해가 되기 바랍니다. (송년회, 신년회)

(7) 올해의 힘찬 출발을 다짐하는 시간이 되기 바랍니다. (송년회, 신년회)

(8) 새해를 시작했던 때가 엊그제 같은데 벌써 12월이네요. (송년회, 신년회)

2. [보기]와 같이 알맞은 말을 골라 쓰세요.

연초 연말 시무식 종무식 연하장 송년 모임

[보기]
오늘은 오후에 종무식이 있습니다. 올해의 마지막 근무를 하는 날이라서 모든 직원이 함께 모이기로 했습니다.

(1) 오늘 아침에 편지가 와서 보니까 거래처에서 보낸 ________ 이었어요.

(2) 오늘은 새해 첫 출근 날이라서 ________ 을/를 했습니다.

(3) 우리 회사는 ________ 에 일 년을 마무리하는 업무가 너무 많아서 아주 바쁩니다.

(4) 12월 28일 저녁에 회사 앞 식당에서 ________ 을/를 합니다.

문법1

-고 나다

(동사에 붙어) 앞 절의 행위를 끝내고 뒤 절의 행위를 하거나 어떤 상황이 이루어짐을 나타낸다. 주로 '-고 나서, -고 나니, -고 나면' 등과 같은 형태로 문장에서 사용된다.

(Gắn với động từ) Thể hiện việc thực hiện hành vi ở vế sau sau khi đã kết thúc hành vi ở vế trước. Trong câu, thường dùng các dạng như '-고 나서, -고 나니, -고 나면' v.v...

- 가: 투안 씨, 오늘은 몸이 좀 괜찮아요?
  나: 약을 먹고 나니까 좋아졌어요.
- 가: 회사에 도착하면 제일 먼저 커피를 마셔요?
  나: 아니요. 컴퓨터를 켜고 나서 커피를 마셔요.
- 먼저 입고확인서를 쓰고 나서 식사하러 갑시다.
- 프엉 씨도 보고서를 읽고 나면 생각이 달라질 거예요.

★ '-고 나다'는 기본형으로, 실생활에서 '-고 나다'의 형태로 사용되지 않는다.

'-고 나다' là đuôi câu thông dụng, trong thực tế không sử dụng hình thức '-고 나다'.

- 커피를 마시고 나요. (×)
- 공부를 하고 났어요. (×)
- 그와 헤어지고 날 거예요. (×)
- 먼저 일을 마치고 나세요. (×)

★ 높임 표현 '-시-'는 '-고'와 결합한다.

Cách nói kính ngữ có '-시-' kết hợp với '-고'.

- 사장님께서 출근하시고 나면 회의를 할 거예요. (○)
- 사장님께서 출근하고 나시면 회의를 할 거예요. (×)

★ 형용사와는 결합하지 않는다.

Không kết hợp với tính từ.

- 슬프고 나니 기쁘다. (×)
- 맛있고 나면 좋아할 거예요. (×)

★ 과거를 나타내는 '-었-', 미래·추측을 나타내는 '-겠-'과 결합하지 않는다.

Không kết hợp với thì quá khứ '-었-' và thì tương lai, dự đoán '-겠-'.

- 드라마를 봤고 나서 식사를 했어요. (×)
- 드라마를 보겠고 나서 식사를 하겠어요. (×)

문법 연습1

1. [보기]와 같이 알맞은 말을 한 번씩만 골라 쓰세요.

밥을 먹다	작업을 하다	이야기를 듣다
건강을 잃다	졸업을 하다	노래를 부르다

[보기] 밥을 먹고 나서 종무식을 시작할 거예요.

(1) ______________ 배가 고파요.

(2) ______________ 시험을 시작하세요.

(3) ______________ 기분이 좋아졌어요.

(4) ______________ 회사에 취직하게 됐어요.

(5) ______________ 건강이 중요한 걸 알게 됐어요.

2. [보기]와 같이 대화를 완성하세요.

[보기] 가: 언제 샘플을 가지러 갈 거예요?
나: 메일을 보내고 나서 가려고 해요.

(1) 가: 지금 보고서를 볼 거예요?
나: 아니요, 먼저 ______________.

(2) 가: 왜 이렇게 땀이 많이 나요?
나: ______________.

(3) 가: 언제 고향에 돌아갈 거예요?
나: ______________.

(4) 가: 언제 회의를 다시 해요?
나: ______________.

문법2

-(으)ㄴ 지 (시간)이/가 되다

(동사에 붙어) 어떤 일을 한 후 시간이 얼마 지났다는 것을 나타낼 때 사용한다.

(Gắn với động từ) Dùng khi nói về việc đã làm gì đó được bao lâu.

- 가: 여기에서 산 지 얼마나 됐습니까?
  나: 여기에 이사 온 지 삼 년이 되었습니다.
- 가: 언제 우리 회사에 들어왔어요?
  나: 입사한 지 이 년이 지났습니다.
- 내일이면 졸업한 지 일 년이 되는 날입니다.
- 선물을 받은 지 일주일이 됐는데 감사 인사를 못했어요.

받침 ○	-은 지	찾은 지, 먹은 지, 조용한 지, *걸은 지, *도운 지, *지은 지
받침 × ㄹ 받침	-ㄴ 지	떠난 지, 쓴 지, 일한 지, *산 지, *논 지, *만든 지

★ '되다' 외에 '지나다', '흐르다' 등도 쓸 수 있다.

Ngoài '되다' có thể sử dụng '지나다(qua)', '흐르다(trôi qua)'.

- 자리에 앉은 지 다섯 시간이 됐어요.
  = 자리에 앉은 지 다섯 시간이 지났어요.
  = 자리에 앉은 지 다섯 시간이 흘렀어요.

★ 시간 명사 뒤에 붙는 조사 '이/가'는 생략되기도 한다.

các trợ từ '이/가' có thể được lược bỏ.

- 자리에 앉은 지 다섯 시간이 되었어요.
  = 자리에 앉은 지 다섯 시간 됐어요.

★ 형용사와 결합하지 않는다.

Không kết hợp với tính từ.

- 날씨가 추운 지 한 달이 됐어요. (×)

문법 연습2

1. [보기]와 같이 쓰세요.

[보기] 회사에 한 시간 전에 왔어요. → 회사에 온 지 한 시간이 됐어요.

(1) 메일을 일주일 전에 보냈어요.

→ ______.

(2) 담배를 세 달 전부터 끊었어요.

→ ______.

(3) 여기에서 일 년 전부터 살았어요.

→ ______.

(4) 버스는 삼십 분 전에 출발했어요.

→ ______.

2. [보기]와 같이 대화를 완성하세요.

[보기] 가: 책을 언제 다 읽었어요?
나: 다 읽은 지 한 달이 됐어요.

(1) 가: 고향에 언제 다녀왔어요?

나: ______.

(2) 가: 이 건물은 언제 지었어요?

나: ______.

(3) 가: 우리 지금까지 얼마나 걸었어요?

나: ______.

대화

노 과장: 한 해가 저물고 있습니다. 한 해 동안 수고해 준 여러분 정말 감사합니다.

모 두: 감사합니다. 수고하셨습니다.

정세아: 시간이 정말 빠르네요.

투 안: 네, 입사한 지가 엊그제 같은데 일한 지 벌써 이 년이 되었어요.

유 미: 정말 그러네요. 처음 입사했을 때는 힘들었는데 지나고 나니까 모두 좋은 기억만 남은 것 같아요.

노 과장: 맞습니다. 그리고 어려움을 겪고 나면 더 성장하게 되지요. 내년에도 함께 잘해 봅시다.

- 동안
- 수고하다
- 기억
- 성장하다
- 한 해가 저물다
- 어려움을 겪다
- 엊그제 같다

- 힘들었는데 [힘드런는데]
- 기억만[기엉만]

- 지금 사람들은 무엇을 하고 있습니까?
- 지금은 일 년 중 언제라고 생각합니까?

베트남인을 위한

비즈니스

한국어

초급

부록

부록

1과

어휘 연습

1. **[보기]**

프엉 씨는 근무 성적이 좋습니다.

(1) 대리에서 과장이 됐습니다.

(2) 이번 달부터 다른 팀에서 일합니다.

(3) 회사에서 새로 사람을 뽑습니다.

(4) 퇴사하고 다른 회사에서 일합니다.

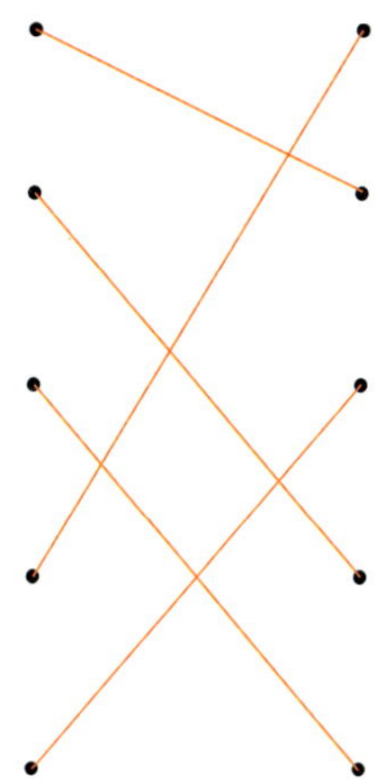

채용

인사 고과

이직

승진

전근

2. (1) 퇴직　　(2) 입사를　　(3) 발령을　　(4) 교육을

문법 연습 1

1. (1) 투안은 회사원이고 베트남 사람이에요
   (2) 투안은 멋있고 친절해요
   (3) 한국어는 쉽고 재미있어요
   (4) 아이는 귀엽고 친절해요

2. (1) 깨끗하고 맛있어요
   (2) 짱 씨는 배구를 하고 민수 씨는 축구를 해요
   (3) 회의를 하고 보고서를 써요
   (4) 잠을 자고 게임을 해요

문법 연습 2

1. (1) 어제 만난 사람은 거래처 직원이에요
   (2) 아까 점심에 먹은 음식은 삼계탕이에요
   (3) 지금 가는 곳은 제2 공장이에요
   (4) 요즘 듣는 노래는 한국 노래예요

2. (1) 가는 곳은 (2) 만난 사람은
   (3) 받은 (4) 잘하는 운동은

2과

어휘 연습

1. (1) 인수인계를 (2) 전임자가 (3) 후임자

2. (1) 보냈어요
   (2) 쓰겠습니다/보내겠습니다/드리겠습니다
   (3) 첨부해서
   (4) 삭제했어요/지웠어요

문법 연습 1

1. **[보기]**

한국어를 잘하다	사진을 찍으러 가다
(1) 날씨가 좋다	여러 개 사다
(2) 비싸지 않다	머리가 아프다
(3) 술을 많이 마신다	번역을 할 수 있다

(1) 날씨가 좋으면 사진을 찍으러 가요/갈까요
(2) 비싸지 않으면 여러 개 살 거예요/사세요
(3) 술을 많이 마시면 머리가 아파요

2. (1) 월급을 받으면 이 가방을 살 거예요
(2) 친구가 집에 놀러오면 항상 게임을 해요
(3) 한국으로 여행을 가면 제주도에 가 보세요

문법 연습 2

1. (1) 있어야 돼요
(2) 물어봐야 돼요
(3) 지켜야 돼요
(4) 보내야 돼요
(5) 배워야 돼요

2. (1) 넣어야 돼요
(2) 쉬어야 돼요
(3) 내려야 돼요
(4) 해야 돼요, 매일 한국어를 듣고 말해야 돼요/
한국 친구를 사귀어야 돼요/……

3과

어휘 연습

1. **[보기]**

출장을 다녀왔습니다.	항의서
(1) 거래처에 물품을 보냈습니다.	출장 보고서
(2) 휴가를 가고 싶습니다.	견적 의뢰서
(3) 상품에 대한 총비용이 궁금합니다.	휴가 신청서
(4) 주문한 물품이 잘못 왔습니다.	출하 통지서

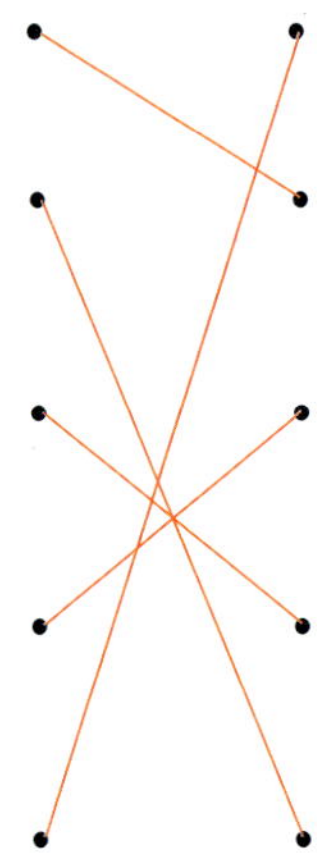

2. (1) 저장이 (2) 인쇄를 (3) 삭제가 (4) 복사를 (5) 편집을

문법 연습 1

1. (1) 집에서 밥을 먹을 때 TV를 봐요
   (2) 기분이 좋을 때 노래를 불러요
   (3) 문제가 있을 때 김 대리에게 물어봐요
   (4) 회사에서 피곤할 때 휴게실에서 커피를 마셔요

2. (1) 몸이 아플 때 고향에 가고 싶어요
   (2) 맛있는 음식을 먹을 때 행복해요
   (3) 나에게 거짓말을 할 때 기분이 나빠요

문법 연습 2

1. (1) 삼계탕을 먹어보세요
   (2) 병원에 가보세요
   (3) 거래처 직원을 만나보세요
   (4) 설명서를 읽어보세요

2. (1) 사귀어 보세요
   (2) 이 식당에 가 보세요
   (3) 물어 보세요
   (4) 전화해 보세요

4과

어휘 연습

1. ①

2. (1) 결재 (2) 물품 (3) 수량 (4) 단가

문법 연습 1

1. (1) 안 먹어도 돼요
   (2) 사진을 봐도 돼요
   (3) 글자가 작아도 돼요
   (4) 음악을 들어도 돼요

2. (1) 앉아도 돼요
   (2) 열어도 돼요
   (3) 매워도 돼요/매운 음식을 먹어도 돼요
   (4) 입어 봐도 돼요

문법 연습 2

1. (1) 휴대 전화를 사용하면 안 돼요 / 졸면 안 돼요 ……
   (2) 전화하면 안 돼요 / 떠들면 안 돼요 ……
   (3) 반말하면 안 돼요 / 보고를 늦게 하면 안 돼요 ……
   (4) 다른 생각을 하면 안 돼요 / 잡담하면 안 돼요 …

2. (1) 담배를 피우면 안 돼요
   (2) 졸면 안 돼요
   (3) 버리면 안 돼요
   (4) 직급만 부르면 안 돼요 / '님'을 안 붙이면 안 돼요 …

5과

어휘 연습

1.

2. (1) 사연을
   (2) 인터뷰
   (3) 기사를
   (4) 발행합니다
   (5) 실립니다

문법 연습 1

1. (1) 아침에 일어나서 세수를 해요
   (2) 거래처에 가서 거래처 사람을 만났어요
   (3) 직원을 만나서 이야기를 해요
   (4) 회사에 돌아와서 점심을 먹었어요

2. (1) 만나서 (2) 시켜서 (3) 내려서 (4) 건너서

문법 연습 2

1. (1) 어제 백화점에 갔는데 친구를 만났어요
   (2) 영업팀 투안인데 부장님 계세요
   (3) 견적 의뢰서를 썼는데 한 번 봐 주세요
   (4) 내일 인터뷰가 있는데 실수할 것 같아 걱정이에요

2. (1) 갔는데 (2) 있는데 (3) 더운데 (4) 어제 같은데

6과

어휘 연습

1. (1) 영업 이익 (2) 증가 (3) 홍보 (4) 목표

2. (1) 목록 (2) 검토 (3) 제출 (4) 양식

문법 연습 1

1. (1) 컴퓨터를 하면서 전화를 해요　(2) 이야기하면서 술을 마셔요
   (3) 과자를 먹으면서 텔레비전을 봐요　(4) 음악을 들으면서 운동을 해요

2. (1) 보면서
   (2) 다른 일을 하면서
   (3) 아니요, 가족들과 이야기하면서 저녁 식사를 해요
   (4) 보통 주말에 음악을 들으면서 청소를 해요

문법 연습 2

1. (1) 운전을 하고 있어요　(2) 축구를 하고 있어요
   (3) 잠을 자고 있어요　(4) 책을 읽고 있어요

2. (1) 실적 계산을 하고 있어서 시간이 없어요
   (2) 차를 마시고 있어서 괜찮아요
   (3) 뭘 하고 계세요
   (4) 수영을 배우고 있어요

7과

어휘 연습

1. (1) 서약서　(2) 철저　(3) 관리　(4) 교육　(5) 유출

2. (1) 엄격했습니다　(2) 준수하지　(3) 완화해(서)　(4) 어기(는)

문법 연습 1

1. (1) 이따가 보고서를 쓰려고 해요
   (2) 휴일에 어제 받은 책을 읽으려고 해요
   (3) 버스에서 음악을 들으려고 해요
   (4) 휴게실에서 커피를 마시려고 해요

2. (1) 만나려고 해요
   (2) 회의에 가려고 해요
   (3) 오늘 퇴근 후에 영화를 보려고 해요
   (4) 내일 운동을 하려고 해요

문법 연습 2

1. (1) 길이 막혀요 • • 고쳐야 해요
   (2) 너무 어두워요 • • 걸어서 갈까요
   (3) 복사 용지가 없어요 • • 불을 켜 주세요
   (4) 컴퓨터가 고장났어요 • • 총무팀에 신청하세요

   (1) 길이 막히니까 걸어서 갈까요
   (2) 너무 어두우니까 불을 켜 주세요
   (3) 복사용지가 없으니까 총무팀에 신청하세요
   (4) 컴퓨터가 고장났으니까 고쳐야 해요

2. (1) 오니까
   (2) 실내가 어두우니까
   (3) 너무 힘드니까

8과

어휘 연습

1. [보기]

야외에 나가서 즐겁게 노는 모임	송년회
(1) 다른 사람을 도우려고 여는 시장	장기 자랑
(2) 새로 온 사람을 맞이하는 모임	야유회
(3) 한해의 마지막을 보내며 하는 모임	바자회
(4) 노래나 춤 등 잘하는 것을 보여주는 행사	환영회

2. (1) 홍보　　(2) 가입
   (3) 지원금으로　　(4) 신설

문법 연습 1

1. (1) 투안 씨 집에서 음식을 만들래요
   (2) 토요일에 배드민턴 동호회에 갈래요
   (3) 이 원피스를 입을래요
   (4) 장기자랑에 나갈래요

2. (1) 테니스 동호회에 가입할래요 / 같이 테니스를 칠래요
   (2) 휴게실에서 커피 마실래요 / 커피 한잔 할래요
   (3) 비빔밥을 먹을래요
   (4) 갈래요 / 쉴래요

문법 연습 2

1. (1) 먹을게요 (2) 받을게요 (3) 보낼게요
   (4) 만들게요 (5) 올게요

2. (1) 제가 (동호회 가입 신청을) 받을게요
   (2) 제가 (창고에) 갔다 올게요
   (3) 제가 도울게요 / 제가 도와드릴게요
   (4) 제가 가르쳐 줄게요 / 가르쳐 드릴게요

9과

어휘 연습

1. (1) 매고 있어요 (2) 입고 있어요
   (3) 쓰고 있어요 (4) 신고 있어요

2. (1) 노란 (2) 하얀
   (3) 빨간 (4) 파래요 / 파란색이에요

문법 연습 1

1. (1) 구두가 운동화보다 비싸요
   (2) 옛날 영화가 요즘 영화보다 재미있습니다
   (3) 작년보다 올해 환율이 올랐어요
   (4) 책을 읽는 것보다 (책을) 사는 것을 좋아합니다
   (5) 돈을 버는 것보다 돈을 쓰는 것이 쉽습니다

2. (1) 하노이보다 호찌민이 더워요
   (2) 영어가 한국어보다 더 어려워요
   (3) 계산기보다 손이 더 빨라요

문법 연습 2

1. (1) 입학 선물로 가방을 준비했어요 / 샀어요 / 줬어요 / 줄 거예요 ……
   (2) 부모님 선물로 인삼을 준비했어요 / 샀어요 / 줬어요 / 줄 거예요 ……
   (3) 가족 여행으로 달랏에 갔어요 / 가고 싶어요 / 갈 거예요 ……
   (4) 신혼여행으로 하와이에 갔어요 / 가고 싶어요 / 갈 거예요 ……

2. (1) 선물로
   (2) 응원 노래로
   (3) 여행으로, 졸업 여행으로 사파에 가고 싶어요.
   (4) 술안주로, 술안주로 치킨이

10과

어휘 연습

1. **[보기]**

(1)

(2)

(3)

(4)

(5)

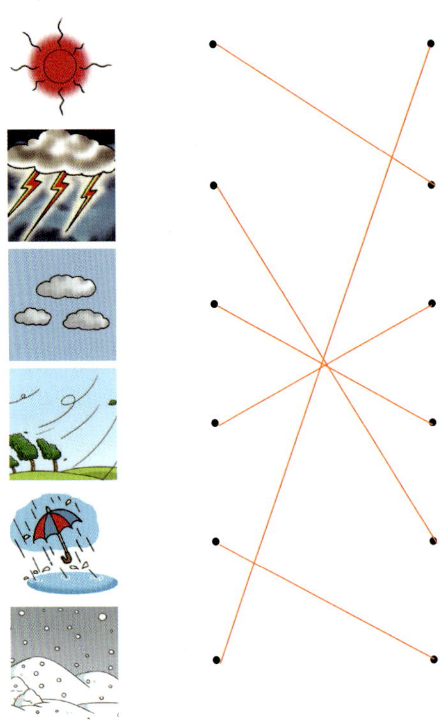

눈이 오다

맑다

바람이 불다

흐리다

천둥번개가 치다

비가 오다

2. (1) 건기예요 / 건기입니다
   (2) 우기
   (3) 그쳤습니다 / 그치겠습니다 / 그쳐요
   (4) 끼어서(껴서)
   (5) 무덥습니다 / 무더워요

문법 연습 1

1. (1) 프엉 씨는 요즘 일이 많은 것 같아요
   (2) 내일 하노이에 비가 올 것 같아요
   (3) 투안은 지금 재고를 확인하는 것 같아요
   (4) 지난 주에 김 대리한테서 그 이야기를 들은 것 같아요

2. (1) 거래처에 간 것 같아요
   (2) 회의를 하고 있는 것 같아요 / 회의에 간 것 같아요
   (3) 배가 아픈 것 같아요
   (4) 매울 것 같아요

문법 연습 2

1. (1) 어제보다 날씨가 추워졌어요
   (2) 사무실에 사람이 많아졌어요
   (3) 이사를 해서 회사가 멀어졌어요
   (4) 시간이 지나니까 회사일이 익숙해졌어요

2. (1) 더워졌어요 / 더워지겠어요
   (2) 많아졌어요 / 많아지고 있어요
   (3) 나빠졌어요 / 안 좋아졌어요 / 나빠질 것 같아요 / 안 좋아질 것 같아요
   (4) 친해졌어요

11과

어휘 연습

1. ④ 하노이보다 호찌민에 사람이 많습니다

2.

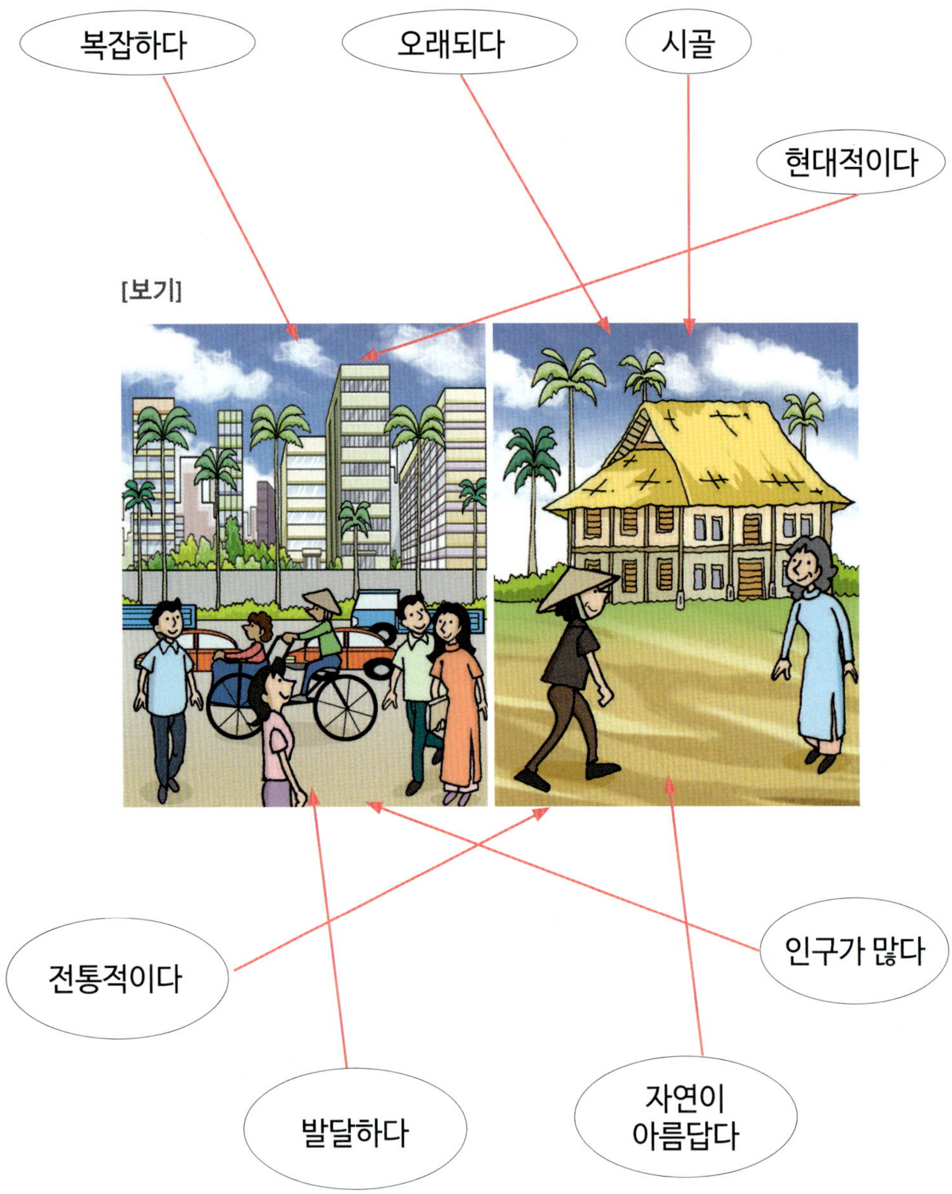

문법 연습 1

1. (1) 매일 운동하기로 했어요
   (2) 책을 빌려 주기로 했어요
   (3) (친구한테) 밥을 사기로 했어요
   (4) 담배를 안 피우기로 했어요

2. (1) 나가기로 했어요
   (2) 준비하기로 했어요
   (3) 보기로/보러 가기로 해요
   (4) 여행을 가기로 했어요

문법 연습 2

1. (1) 준비할까/(발표)할까 해요
   (2) 공부할까/시험을 준비할까/도서관에 갈까 해요
   (3) 보낼까 해요
   (4) 시킬까 해요
   (5) …을/를 먹을까 해요 / …을/를 만들어 먹을까 해요 / 나가서 먹을까 해요 / 외식할까 해요
   (6) 보러 갈까
   (7) 신청할까/들을까 하는데

12과

어휘 연습

1. (1) 숙소는　　(2) 교통편을
   (3) 짐이　　(4) 기념품으로

2. **[보기]**

발표가 잘 끝났어요.		기뻐요.
(1) 할 일이 별로 없어요.		설레요.
(2) 대회에서 우승을 했어요.	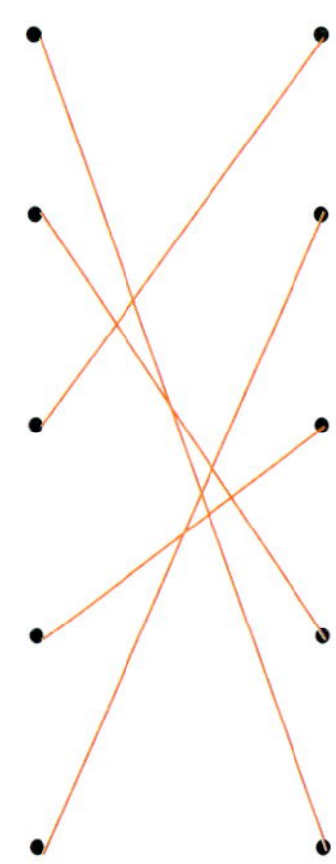	슬퍼요.
(3) 여자 친구하고 헤어졌어요.		심심해요.
(4) 오랜만에 남자 친구를 만나요.		기분이 좋아요.

문법 연습 1

1. (1) 기뻐 보여요
   (2) 즐거워 보여요
   (3) 행복해 보여요
   (4) 멋있어 보여요
   (5) 많아 보여요

2. (1) 건강해 보여요 / 얼굴이 좋아 보여요
   (2) 커 보여요 / 커 보여서요
   (3) 예뻐 보여요 / 밝아 보여요
   (4) 좋아 보여요
   (5) 무거워 보여요

문법 연습 2

1. **[보기]**

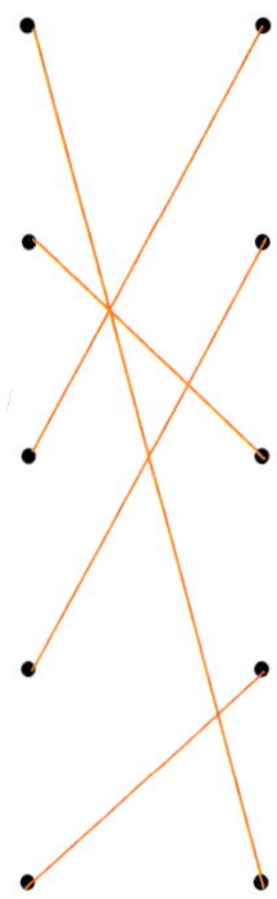

컴퓨터를 켜니까	기분이 좋아졌어요.
(1) 드라마를 보니까	세일을 하고 있었어요.
(2) 달리기를 하니까	배우들이 연기를 잘해요.
(3) 쇼핑몰에 가니까	좋은 선배들이 많았어요.
(4) 회사에서 일해 보니까	파란 화면이 나왔어요.

2. (1) 보니까 바람이 많이 불어요 / 비가 와요 / 사람이 아무도 없어요 …
   (2) 배워 보니까 재미있어요 / 어려워요 …
   (3) 먹어 보니까 매워요 / 맛있어요 / 입에 안 맞아요 …
   (4) 이야기해 보니까 재미있어요 / 친절해요 / 말이 안 통해요
   (5) 입으니까 편해요 / 불편해요 …
   (6) 사니까 외로워요 / 즐거워요 / 모르는 것이 많아요 …

13과

어휘 연습

1. (1) 환자를 수술해요　(2) 엑스레이를 찍어요　(3) 주사를 놓아요

2.

(1)		배탈이 났어요.
(2)		치통이 있어요.
(3)	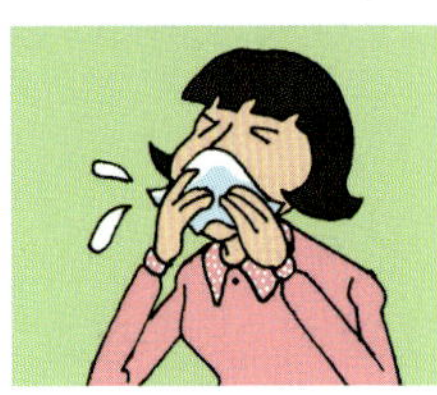	기침이 나요.
(4)		콧물이 나요.

문법 연습 1

1. (1) 여기가 어두운데요　(2) 지금 한국에서 사는데요
(3) 아까 음식이 매웠는데요　(4) 저건 제 컴퓨터인데요
(5) 작년에 저는 고등학생이었는데요　(6) 이따가 케이크를 만들 건데요
(7) 지난 달에 한국노래를 들었는데요

2. (1) 먼저 먹었는데요 (2) 날씨가 맑은데요
(3) 서류가 없는데요

문법 연습 2

1. (1) 이 제품이 얼마인가요 (2) 머리가 많이 아픈가요
(3) 이 책을 벌써 다 읽었나요 (4) 지금 밖에 날씨가 더운가요
(5) 저녁마다 공원을 걷나요 (6) 이 건물은 몇 년에 지었나요
(7) 슬픈 영화를 볼 때 우나요 (8) 어제 탄 기차가 빨랐나요
(9) 지금 들고 있는 상자가 무겁나요

2. (1) 잘 다녀왔나요 (2) 못 잤나요 (3) 고장났나요

14과

어휘 연습

1. (1) 내과 (2) 이비인후과 (3) 산부인과
(4) 소아청소년과 (5) 응급실 (6) 피부과

2.

(1) 오늘 회사에 안 가요.	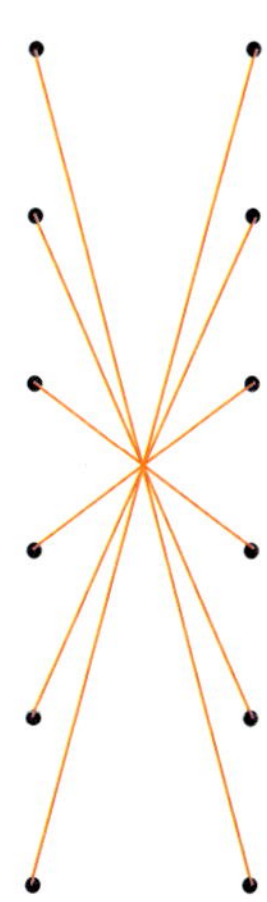	복직해요.
(2) 회사에 늦게 가요.		이직해요.
(3) 퇴근 시간 전에 일찍 집에 가요.		병가를 내요.
(4) 아파서 회사에 못 가요.		조퇴해요.
(5) 우리 회사를 그만두고 다른 회사에 취직해요.		지각해요.
(6) 휴직이 끝나고 회사에서 일을 다시 시작해요.		결근해요.

문법 연습 1

1. (1) 너무 비싸니까 다른 가게에서 사는 게 어때요
   (2) 룸메이트가 불편한데 혼자 사는 게 어때요
   (3) 다른 직원들은 벌써 밥을 다 먹었는데 저와 같이 먹는 게 어때요

2. (1) 마시는 게 어때요 (2) 여는 게 어때요
   (3) 타는 게 어때요 (4) 사는 게 어때요
   (5) 보내는 게 어때요 (6) 한국 동료에게 물어 보는 게 어때요

문법 연습 2

1. (1) 돈이 없어도 행복해요
   (2) 배가 고파도 밥을 안 먹어요
   (3) 한국어를 몰라도 한국 노래를 부를 수 있어요
   (4) 이 회사를 떠나도 우리를 잊지 마세요
   (5) 단어를 한 번만 봐도 외울 수 있어요

2. (1) 나이는 어려도 (2) 비가 와도
   (3) 몸이 건강해도 (4) 고향이 멀어도

15과

어휘 연습

1. (1) 교통이 편리해요 (2) 물가가 싸요
   (3) 사람들이 친절해요 (4) 음식이 입에 맞아요

2. (1) 신기했어요 (2) 실망스러웠어요
   (3) 아름다웠어요 (4) 잊을 수 없을 거예요

문법 연습 1

1. (1) 한국 식당은 비빔밥이 좀 맵더라고요
   (2) 서울은 물가가 비싸더라고요
   (3) 투안 씨는 커피를 안 마시더라고요
   (4) 한국 사람들이 아침을 잘 안 먹더라고요

2. (1) 화려하더라고요 / 멋있더라고요
   (2) 좀 지루하더라고요 / 재미없더라고요
   (3) 많더라고요
   (4) 많이 보더라고요 / 좋아하더라고요

문법 연습 2

1. (1) 투안 씨는 스키를 타 봤어요
   (2) 저는 삼계탕을 먹어 봤어요
   (3) 다른 나라 말을 공부해 봤어요
   (4) 저는 한국 노래를 들어 봤어요

2. (1) 다른 나라에 가 봤어요
   (2) 한국 요리를 안(못) 해 봤어요
   (3) 저는 태권도와 스키를 배워 봤어요
   (4) 한국어 책을 읽어 봤어요

16과

어휘 연습

1. (1) ②제안서 (2) ③명세서 (3) ①사유서 (4) ③증명서

2.

(1) 

(2) 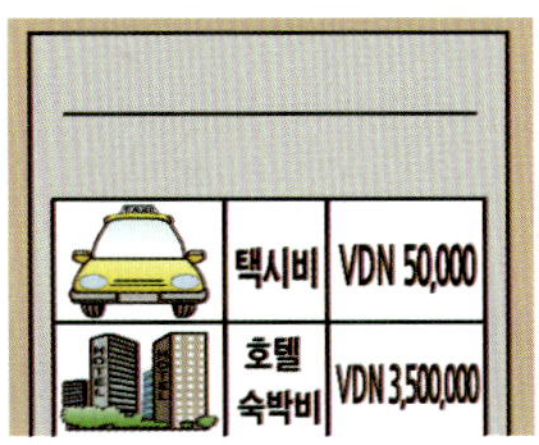

(3) 

(4) 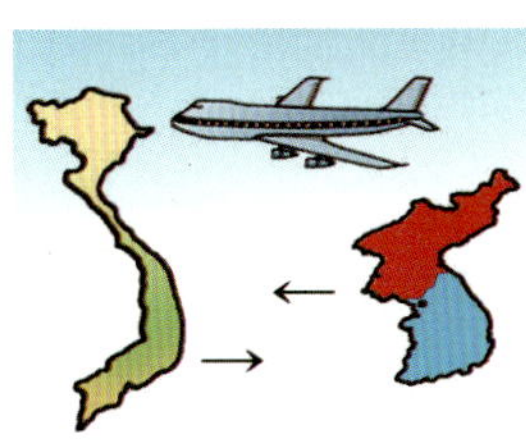

- 출장비
- 출장 중
- 해외 출장
- 출장 기간

문법 연습 1

1. (1) 베트남에서 설날에 뭘 먹는지 알아요
   (2) 출장비가 보통 얼마인지 아세요
   (3) 계약서를 어떻게 쓰는지 모르겠어요.
   (4) 투안 씨가 어디로 출장을 갔는지 아세요
   (5) 우리가 처음에 어디에서 만났는지 모르겠어요
   (6) 한국 사람이 보통 무슨 선물을 주고받는지 몰라요
   (7) 아까 사무실에 누가 왔는지 아세요
   (8) 지난주 회의에 누가 참석했는지 알아요

문법 연습 2

1. [보기]

자주 만나다	여러 번 보다
(1) 외국 사람과 결혼하다	회의 시간에 졸다
(2) 영화가 아주 재미있다	요리를 잘하다
(3) 날씨가 추워지다	외국에서 살다
(4) 요리를 좋아하다	좋아하다
(5) 며칠 잠을 못 자다	밖에 안 나가다

   (1) 외국 사람과 결혼해서 외국에서 살게 됐어요
   (2) 영화가 아주 재미있어서 여러 번 보게 됐어요
   (3) 날씨가 추워져서 밖에 안 나가게 됐어요
   (4) 요리를 좋아해서 요리를 잘하게 됐어요
   (5) 며칠 잠을 못 자서 회의 시간에 졸게 됐어요

17과

어휘 연습

1. **[보기]**

[보기]		안전화
(1)		보안경
(2)		귀마개
(3)	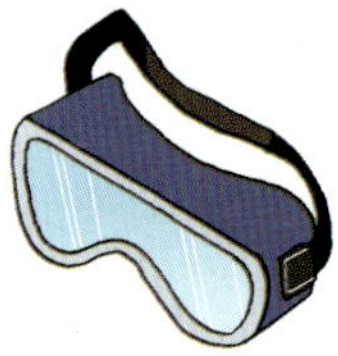	안전모
(4)		보호복

2. (1) 미끄러졌어요　(2) 베였어요　(3) 데었어요
(4) 부딪혔어요　(5) 넘어졌어요

문법 연습 1

1. (1) 유미 씨는 오이를 안 먹잖아요
   (2) 어제 부장님이 말씀하셨잖아요
   (3) 베트남 음식이 유명하잖아요
   (4) 한국 드라마가 인기가 많잖아요

2. (1) 유미 씨는 여행 갔잖아요
   (2) 노래도 잘하고 춤도 잘 추잖아요
   (3) 진수 씨 책상 위에 있잖아요
   (4) 투안 씨가 장기자랑에서 1등을 했잖아요

문법 연습 2

1. (1) 바닥이 미끄럽기 때문에 뛰면 안 돼요
   (2) 내일은 휴일이기 때문에 늦잠을 잘 거예요 (잘 수 있어요)
   (3) 수업이 있기 때문에 주말에 못 만나요
   (4) 그 식당은 사람이 많기 때문에 꼭 예약해야 돼요

2. (1) 김치가 맵기 때문에 안 먹어요
   (2) 백화점은 비싸기 때문에 전자상가에 가요
   (3) 안전모가 머리를 보호하기 때문에 꼭 써야 해요
   (4) 기태 씨가 독감에 걸렸기 때문에 결근했어요

18과

어휘 연습

1. (1) 화재 신고 (2) 소화기 (3) 비상벨 (4) 비상 망치

2. [보기]

충돌

(1)

감전

(2)

추락

(3)

화상

(4)

폭발

문법 연습 1

1. (1) 기계가 고장 나지 않도록 조심하세요
   (2) 좋은 결과를 얻도록 노력하겠습니다
   (3) 실수하지 않도록 프레젠테이션을 잘 준비할게요
   (4) 아침에 일찍 일어날 수 있도록 일찍 자야겠어요

2. (1) 늦지 않도록
   (2) 알 수 있도록
   (3) 잃어버리지 않도록
   (4) 먹을 수 있도록

문법 연습 2

1. (1) 그 영화를 꼭 봐야겠어요
   (2) 추우니까 따뜻하게 입어야겠어요
   (3) 빨리 회의를 준비해야겠어요
   (4) 불량 제품을 모두 확인해야겠어요

2. (1) 쉬어야겠어요
   (2) 타야겠어요
   (3) 들어가야겠어요
   (4) 공부해야겠어요

19과

어휘 연습

1. **[보기]**

전화를 걸어요.

(1) 전화를 끊어요.

(2) 문자를 보내요.

(3) 전화를 받아요.

(4) 연결 중이에요.

2. (1) 네. 제가 투안입니다 (2) 정 대리님 좀 바꿔 주세요
(3) 잠깐만 기다려 주세요

문법 연습 1

1. (1) 좋아하세요 / 좋아하십니다 (2) 잘하세요 / 잘하십니다
(3) 회장님이세요 / 회장님이십니다 (4) 걸으세요 / 걸으십니다
(5) 만드세요 / 만드십니다

2. (1) 하세요 (2) 좋아하세요 (3) 배우셨어요 / 배우기 시작하셨어요
(4) 보내셨어요 (5) 계세요, 계세요

문법 연습 2

1. (1) 께서 영화를 좋아하세요 (2) 께서 한국 드라마를 보세요
(3) 께서 노래를 잘하세요 (4) 께 선물을 드렸습니다

2. (1) 께서, 운동을 하세요 (2) 께서, 가르치세요
(3) 께서, 한테/에게, 주셨어요 (4) 가, 께, 드렸어요

20과

어휘 연습

1. (1) 분, 분 (2) 댁
(3) 말씀하셨어요 (4) 드셨어요
(5) 여쭤 보세요

2. (1) 메모 좀 남겨 주세요 (2) 기다려 주셔서 감사합니다
(3) 잘 안 들리는데요 (4) 잠시 후에 다시 전화 드려도 될까요

문법 연습 1

1. (1) 일어난다고 했어요
   (2) 탈의실이라고 했어요
   (3) 없다고 했어요
   (4) 많다고 했어요
   (5) 맛있다고 했어요
   (6) 잘 못한다고 했어요
   (7) 어렵다고 했어요
   (8) 듣는다고 했어요
   (9) 바쁘지 않다고 했어요
   (10) 먹지 않는다고 했어요

문법 연습 2

1. (1) 쩐 씨가 프엉 씨하고 같은 초등학교에 다녔다고 했어요
   (2) 응옥 씨가 어제 늦게 퇴근했다고 했어요
   (3) 지호 씨가 거래처에서 전화가 왔다고 했어요
   (4) 닝껀 씨가 손님이 오실 거라고 했어요
   (5) 미나 씨가 퇴근 후에 전화하겠다고 했어요
   (6) 투이 씨가 자기가 전화하지 않았다고 했어요
   (7) 르안 씨가 이번 일은 별로 어렵지 않을 것 같다고 했어요
   (8) 단 씨가 극장에서 영화를 보고 싶었다고 했어요
   (9) 기태 씨가 한국에서는 가족하고 같이 살았다고 했어요. 혼자 산다고 했어요
   (10) 수진 씨가 고향 음식이 먹고 싶었다고 했어요. 재료가 없었다고 했어요
   (11) 김 대리님이 오늘은 자기가 사겠다고 하셨어요
   (12) 박 부장님이 올해도 정말 고마웠다고 하셨어요

21과

어휘 연습

1. (1) 내선 번호 (2) 착신 전환 (3) 직통 번호 (4) 전화 연결

2. (1) 팩스로 보내
   (2) 직접 통화하
   (3) 메시지를 남겼습니다
   (4) 퀵서비스를 이용해서

문법 연습 1

1. (1) 최 부장님이 내일까지 발표 자료를 만들라고 하셨어요
   (2) 김 과장님이 공항에서 이대리님께 서류를 받으라고 하셨어요
   (3) 의사 선생님이 밥을 먹고 30분 후에 약을 먹으라고 하셨어요
   (4) 선생님이 수업 시간에 휴대폰을 쓰지 말라고 하셨어요

2. (1) 숙제를 제출하라고 하셨어요
   (2) 하지 말라고 하셨어요
   (3) 다른 곳으로 바꾸라고 하셨어요
   (4) 술을 마시지 말라고 하셨어요

문법 연습 2

1. (1) 서 주임님이 회의 자료 좀 복사해 달라고 해요
   (2) 선생님이 칠판을 지워 달라고 하세요
   (3) 김 과장님이 전화 좀 받아 달라고 하세요
   (4) 프엉 씨가 한국어 문법을 가르쳐 달라고 해요

2. (1) 전화해 달라고 했어요
   (2) 신제품 라면을 평가해 달라고 해요
   (3) 참석해 달라고 하셨어요
   (4) 고기를 빼 달라고 했어요

22과

어휘 연습

1. (1) 음식을 한꺼번에 차립니다
   (2) 수저를 들
   (3) 속도를 맞추
   (4) 그릇을 손에 들

2. (1) 술을 따라 주셨습니다
   (2) 잔을 받았습니다
   (3) 얼굴을 돌리
   (4) 자작하지 않

문법 연습 1

1. (1) 반장님이 함께 원인을 찾아보자고 하셨어요
   (2) 짱 씨가 한국어 수업 시간에는 한국어만 쓰자고 했어요
   (3) 기태 씨가 저녁에 같이 김밥을 먹자고 했어요
   (4) 부장님이 올해에는 더욱 열심히 일하자고 하셨어요

2. (1) 청소하자고 하셨어요
   (2) 택시를 타자고 하셨어요
   (3) 언제 한 번 같이 밥을 먹자고 했어요
   (4) 계속 연락하자고 하셨어요

문법 연습 2

1. (1) 기태 씨가 이번 주말에 고향에 가냐고 했어요
   (2) 짱 씨가 올해 우리 회사 광고 모델이 누구냐고 물었어요
   (3) 김 대리님이 비품실에 A4 용지가 몇 상자 있냐고 해요
   (4) 부장님이 이번 달 우리 회사 영업 실적이 어떠냐고 하셨어요

2. (1) 어디에서 찍느냐고 하셨어요
   (2) 지각했냐고 물으셨어요
   (3) 짱 씨 생일이 언제냐고 했어요
   (4) 한국음식을 좋아하냐고 했어요

23과

어휘 연습

1. (1) 책임입니다
   (2) 반복하지 않
   (3) 부주의
   (4) 대처해야 합니다.

2. (1) 오타가, 오타를
   (2) 누락이, 누락
   (3) 재검토가, 재검토
   (4) 오류가, 오류가

문법 연습 1

1. (1) 오후에 회의가 없는 줄 알았어요. 회의는 내일 오전인 줄 알았어요
   (2) 짱 씨가 아픈 줄 몰랐어요. 아무 말이 없어서 괜찮은 줄 알았어요
   (3) 투안 씨가 노래를 잘 못 부르는 줄 알았어요. 노래를 잘하는 줄 몰랐어요
   (4) 이번 주 당직은 제가 아닌 줄 알았어요. 토요일이 당직인 줄 몰랐어요

2. (1) 제 펜인 줄 알았어요
   (2) 다음 주에 다낭 출장인 줄 몰랐어요
   (3) 영업팀 일이 어려운 줄 몰랐어요
   (4) 비가 올 줄 몰랐어요

문법 연습 2

1. (1) 병원에 입원한 적이 없어요
   (2) 회사에서 실수를 한 적이 있어요
   (3) 마트에서 아르바이트를 한 적이 없어요
   (4) 한국에 가 본 적이 있어요

2. (1) 한국에 간 적이 있어요
   (2) 전에 보고서를 잘못 쓴 적이 있어요
   (3) 전에 여행했을 때 지갑을 잃어버린 적이 있어요
   (4) 혼자 산 적이 없어요

24과

어휘 연습

1. (1) 촬영을
   (2) 출연합니다
   (3) 게스트로
   (4) 생방송으로

2. [보기]

[보기] 베풀어 주신 •	• 신세를 졌습니다.
(1) 여러 가지로 •	• 은혜에 감사드립니다.
(2) 보내 주신 •	• 깊은 감사를 드립니다.
(3) 은혜에 보답할 수 있도록 •	• 성원에 감사드립니다.
(4) 머리 숙여 •	• 노력하겠습니다.

(1) 여러 가지로 신세를 졌습니다
(2) 보내 주신 성원에 감사드립니다
(3) 은혜에 보답할 수 있도록 노력하겠습니다
(4) 머리 숙여 깊은 감사를 드립니다

문법 연습 1

1. (1) 비품을 구입하려면 신청서를 작성해야 해요
(2) 회사 근처에서 밥을 먹으려면 비엣비 식당에 가 보세요
(3) 부장님을 뵈려면 약속을 잡으셔야 합니다
(4) 팩스를 보내려면 이 버튼을 누르세요

2. (1) 잘하려면 한국 드라마와 영화를 많이 보세요
(2) 일찍 일어나려면 전날 일찍 자 보세요
(3) 받으려면 가불을 신청해야 합니다
(4) 신뢰받는 직원이 되려면 맡은 일을 깔끔하게 처리해야 합니다

문법 연습 2

1. (1) 먼저 점심을 드시기 바랍니다 (2) 이메일로 신청하기 바랍니다
(3) 보고서는 주말까지 제출하기 바랍니다 (4) 빨리 나오시기 바랍니다

2. (1) 항상 건강하시기 바랍니다
(2) 앞 쪽으로 오셔서 자리에 앉아 주시기 바랍니다
(3) 필요한 물품을 신청하기 바랍니다
(4) 다른 곳으로 이동 주차해 주시기 바랍니다

25과

어휘 연습

1. (1) 송년회 (2) 송년회 (3) 송년회 (4) 송년회
(5) 신년회 (6) 신년회 (7) 신년회 (8) 송년회

2. (1) 연하장 (2) 시무식을 (3) 연말 (4) 송년 모임

문법 연습 1

1. (1) 작업을 하고 나니 (2) 이야기를 듣고 나서
(3) 노래를 부르고 나니 (4) 졸업을 하고 나서
(5) 건강을 잃고 나니

2. (1) 담당자에게 확인하고 나서 보고서를 볼 거예요
(2) 운동을 하고 나니까 땀이 많이 나네요
(3) 일이 끝나고 나면 고향에 가려고 해요
(4) 점심을 먹고 나서 회의를 다시 시작하겠습니다

문법 연습 2

1. (1) 메일을 보낸 지 일주일이 됐어요 (2) 담배를 끊은 지 세 달이 지났어요
(3) 여기에서 산 지 일 년이 흘렀어요 (4) 버스가 출발한 지 삼십 분 됐어요

2. (1) 고향에 다녀온 지 한 달이 됐어요 (2) 이 건물을 지은 지 오 년이 되었어요
(3) 우리가 걸은 지 한 시간이 지났어요

집필진

김재욱 한국외국어대학교 KFL대학원장

박기선 사이버한국외국어대학교 한국어학부 교수

노채환 사이버한국외국어대학교 한국어학부 교수

송은정 한국외국어대학교 교양대학 전임강사

베트남어 번역 및 감수

응우옌 응옥 꿰 한국외국어대학교 외국어연수평가원 주임강사

베트남인을 위한
비즈니스
한국어 초급

초판 인쇄	2019년 7월 25일
초판 발행	2019년 8월 1일
지은이	김재욱 · 박기선 · 노채환 · 송은정
베트남어 번역 및 감수	응우옌 응옥 꿰
발행인	김인철
총괄 · 기획	가정준 Director, University Knowledge Press
편집장	신선호 Executive Knowledge Contents Creator
도서편집	박현정 Contents Creator 정준희 Contents Creator 장혜린 Contents Creator
전자책편집	인은주 e-Contents Creator
재무관리	강현주 Managing Creator
마케팅	이현진 Marketing Creator
삽화	손도영
발행처	한국외국어대학교 지식출판콘텐츠원 02450 서울특별시 동대문구 이문로 107 전화 02)2173-2493~7 팩스 02)2173-3363 홈페이지 http://press.hufs.ac.kr 전자우편 press@hufs.ac.kr 출판등록 제6-6호(1969. 4. 30)
디자인 · 편집	(주)이환디앤비 02)2254-4301
인쇄 · 제본	(주)케이프린텍 053)313-3673

ISBN 979-11-5901-458-1 14710 정가 20,000원
ISBN 979-11-5901-447-5 (세트)

HUINE은 한국외국어대학교 지식출판콘텐츠원의 어학도서, 사회과학도서, 지역학 도서 Sub Brand이다. 한국외대의 영문명인 HUFS, 현명한 국제전문가 양성(International+Intelligent)의 의미를 담고 있으며, 휴인(携引)의 뜻인 '이끌다, 끌고 나가다'라는 의미처럼 출판계를 이끄는 리더로서, 혁신의 이미지를 담고 있다.

이 책의 음원(mp3)은 한국외국어대학교 지식출판콘텐츠원 홈페이지 (press.hufs.ac.kr) - 게시판 - 자료실에서 다운받아 사용하시기 바랍니다.